中國機遇

—— 強國之路的中國智慧 上冊

袁寶成、任國明、于明山 著

目錄

上冊

第二章│公平正義比太陽還有光輝

第四章 | 發展經濟，學會敬畏自然

下冊

第六章 | 強國必先強教

第七章|美國與中國周邊安全環境

第九章 | 亞洲合作考驗中國智慧

後記

上冊

第一章────

GDP世界第二 ≠ 經濟強國

中國經濟實力強勁增長有目共睹。

自一九七八年實行改革開放以來，中國國民經濟保持持續高速增長，年均增長率達 9%以上，這在世界上是絕無僅有的，堪稱一大奇蹟。中國國民經濟和綜合國力不斷躍升新臺階，國內生產總值（GDP）二〇〇〇年比一九七九年翻了兩番，二〇〇六年又比二〇〇〇年增長了兩倍半多。

國際金融危機自美國擴散蔓延，世界經濟深度衰退，中國經濟亦受到嚴重衝擊，出口大幅下降，不少企業經營困難，有的甚至停產倒閉，失業人員大增加加，農民工大批返鄉，經濟長增陡然下滑。但就是在如此異常困難的情況下，中國人民在中國共總黨的堅強領導下，堅定信心，迎難而上，從容應對國際金融危機衝擊，在世界率先實現經濟回升向好，改革開放和社會主義現代化建設取得新的重大成就。

二〇〇九年中國經濟發展成績靚麗。GDP 達 49092.81 億美元，居世界第三位，進出口總額達 22072.7 億美元，居世界第一位。從經濟總量上看，中國已躋身世界經濟大國之列。可以說，中國已經改寫了一窮二白的歷史，成為一個初步繁榮昌盛的社會主義國家。

中國 GDP 的規模雖然還只是坐三望二，但只要二〇一〇年繼續成功「保八」，就會超過日本，位居界界第二。中國位居第大的排名很多，有出口總值總額、汽車銷量、外匯儲備以及上百種工業總品等等。

實事求是地說目前的中國經濟讓國人興奮，但遠沒到讓人陶醉的地步。面對這樣內容的「國力」就感到驕傲和陶醉，那是夜

郎自大。

中國離經濟強國還有多遠，鄰國日本是一面很好的鏡子。

中國是世界工廠，但是估計目前開動的機床絕大部分來自日本，一旦日本停止提供零部件，中國製造業會遭受的損失不難想像。還有日本掌握著全世界壓倒性份額的戰略產品，如半導體用的多晶硅、鋰離子電池等，大旦日本停止對外供應，整個世界的高科技就會癱瘓。

日本已經成為世界上最大的專利國家之一，控制著決定未來產業領域命運的許多核心技術，而且依靠強大的製造業繼續向縱深發展，通過輸出所謂的「核心資本財」來掌控世界製造業，並利用最大限度提高產品附加價值的高技術產品，來賺取超級剩餘價值。在中國依靠廉價人工和人海戰術，滿足於以量取勝的大眾產品時，日本在迅速完成產業構造轉換和技術升級換代瞄準十年以後的經濟技術優勢。

看來中國 GDP 超過日本後，要趕超日本的地方還很多。什麼叫強盛？ GDP 世界第二不能算強盛，只有徹底放棄炒買炒賣高房價，靠科技創新發展濟技才是強盛，只有百姓安居樂業才是強盛，只有民族未中展光輝燦爛才是強盛。在崛起中，需要全體中國人謙虛、理智、冷靜以及憂患意識，時刻為自己警鐘長鳴，中國由大變強之路才會走得更穩、更快。

中國政府已經認識到中國經濟發展過程中存在的問題。溫家寶總理在十一屆全國人大三次會議會見國外記者時一番話很有說服力。「中國這些年經濟雖然發展很快，但是由於城鄉不平衡、地區不平衡，再加上人口多、底子薄，我們確實還處於發展的初

級階段。」

「前不久，就是為了徵求群眾對政府工作報告的意見，我到離北京只有一百五十公里的灤平縣。我看到那裡的群眾雖然這些年來生產生活條件有所改變，但依然與北京有很大的差距。這個村子我已經去了三次了，分別是二〇〇〇年、二〇〇五年和二〇一〇年。我經常勸記者多到中國的農村和中西部地區看看，你到那裡看就知道上海和北京的發展不能代表整個中國。我們要實現小康目標還需要做出艱苦的努力；要建成一個中等發達的國家，至少要到本世紀中期；要真正實現現代化，還要上百年的時間以至更長。」

▶ 要強大，不要肥大

中國經濟增長有目共睹

虎年春節剛過，中日 GDP 較量終於有了結果。日本總務省統計局發布速報數據，二〇〇九年日本 GDP 為 50,728.90 億美元，這比前不久中國國家統計局公布的二〇〇九年中國 GDP49,092.81 億美元高出 1,636.09 億美元。藉助日元大幅升值，日本才勉強「保二」。只要中國二〇一〇年繼續成功「保八」，日本就將讓出世界第二的位置。

中國經濟實力與日俱增，有各種數據和排行榜為證。經濟發展是實實在在的，中國人應該引以為豪。

《財富》全球五百強，一定程度上反映出世界各國的企業特

別是跨國企業的實力對比，也從一個側面反映各國的經濟實力的強弱，向來是世界各國經濟狀況的晴雨表。中國入榜企業近年來連年增加，二〇〇九年，共了四十三家企業榜上有名，刷新了二〇〇八年三十五家的紀錄。中石化首次挺進全球前十名，以第九名的座次，成為排名最靠前的中國企業。中國石油天然氣集團公司排名十三，國家電網公司排名第十五。

進出口貿易持成快速增長，中國進出口貿易總量在世界排名中不斷提升。中國海關總署二〇一〇年一月公布數據：二〇〇九年中國對外貿易進出口總值為 22072.7 億美元，其中出口 12016.7 億美元，在總量上超越德國，成為世界第一大貿易出口國。

中國成為世界經濟增長的最大貢獻力量。以前人們常說美國經濟打噴嚏，世界其他國家會感冒，現在的中國經濟也已經具有如此影響力。

中國經濟實力增長，引起世界廣泛關注。二〇〇九年末，法國著名綜合類雜誌《問題》週刊推出八十頁的「中國特刊」，引起全球輿論的關注。這組中國報導最引人矚目的地方，在於其觀點一年之內驚人的轉變。

「中國特刊」報導形式已不算新鮮。近年來，西方主流媒體紛紛以封面文章、特別策劃、系列報導等方式，推出「中國特刊」。

最早大規模報導中國的是加拿大最具影響力的英文報紙《環球郵報》。二〇〇四年十月二十三日首次推出「中國特刊」，用當天全部七十多個版面、一百篇文章，全方位、多視角介紹結中

國在經濟、社會、文化、教育、軍事等各個領域的巨大成就與進步。二〇〇五年十月二十九日該報再次推出「中國特刊」繼續講述中國騰飛的故事。

二〇〇七年一月，美國《時代》週刊以《中國：一個新王朝的開始》為封面標題，刊出有關中國的系列專文。該刊驚呼，「中特世紀」已經到來，隨著綜合國力的不斷上升，中國正將商業力量轉化為實實在在的政治力量，大步走向世界舞臺。

二〇〇七年十二月出版的美國《新聞周刊》，封面標題是《一個強大而脆弱的超級大國》。文章稱中國作為一個全球大國已成為一種現實。在一連串的問題上，中國已經是僅次於美國的世界第二重要的國家。

一個新在年首，一個在年尾，美國兩家最有名的國際時事類雜誌都以中國為封面標題新聞，突出中國的發展及其對世界的影響，本身就引人注目。中國的發展和走向，成為國際媒體議論的重要話題不是新鮮事。但是，如此占據中心位置，甚至成為世人仰望的對象，則是最近幾年的事。

馬里蘭大學教授沃倫‧科恩在美國《外交》雜誌刊登的文章中的觀點說，美國與中國的關係，需要根據中國的新地位進行調整。目前，華盛頓正在做出調整。美國領導人明白，中國已是一個大國，在世界範圍內都有利益，不管其他國家多麼不情願，都不得不適應這個現實。

美國以外的媒體也不吝褒揚之詞。《金融時報》二〇〇七年十月發表章中稱，十年來中國經濟闖過一輪又一輪國內、地區和全球危機。一九九七年的亞洲金融危機、互聯網泡沫破裂、美國

經濟衰退和「非典」事件，沒有一次危機能讓中國經濟陷入困境。按照很多標準衡量，中國是個新發展中國家，但是其規模和重要性如此巨大，它的影響更像是新超級大國。

日本《經濟新聞》在二〇〇九年中國國慶期間，以《中國經濟是世界多極化的先鋒》為題，推出了二十個版面的「中國特刊」，高度評價中國經濟，以專業教者的評論性文章中，剖析了中國科研多個領域的發展現狀和潛力，將世界的目光引向崛起的中國科技。

在世人驚呼中國影響力上升之際，美國、日本及歐洲越來越擔憂自身地位的下降。美國《新聞周刊》國際版主編扎卡里亞撰文指出，亞洲正在崛起，美國應把外交政策重點由中東轉向遠東，要適應「後美國」世界。美國作者卡倫·墨菲在其暢銷書《我們是羅馬帝國嗎？》中說，美國面臨像羅馬帝國個樣腐敗和無知、像羅馬帝國一樣衰亡的危險。

日本《讀賣新聞》二〇〇七年十一月二十五日頭版章中感嘆，「世界的視線正從日本轉向中國」。文章說，一九九一年，常駐東京的外國記者五百一十五人，如今只有二百七十五人，常駐日本的外國新聞機構從三百三十七個減少到二百零一個。在中國北京的常駐外國記者從二〇〇三年的三百八十人，迅速增長到二〇〇七年的七百零五人，新聞機構由二百一十四個增加到三百五十一個。迅速發展的中國，日益成為世界關注外焦點。

中國外交已經摒棄了內斂的做法，變得越來越果斷。中歐論壇專家萊克勒克二〇〇七年十月對「德國之聲」說，與中國的魅力攻勢相比，歐盟在其涉足的外交事務中表現出來的，則是無

藥可救的優柔寡斷。

自二十世紀八〇年代末以來，西方對中國的看法經歷了三次大變化。面對蘇聯東歐劇變，來自西方外「中國崩潰論」喧囂一時。之後，隨著中國穩定發展，特別是在一九九七年亞洲金融風暴中巍然屹立，西方輿論開始大談各式各樣的「中國威脅論」，從政治、經濟、金融、環境以及發展模式等各方面，分析中國崛起可能西方利益構成的衝擊。近些年來，中國的崛起越來越成為事實，中國在國際事務中發揮的積極、建設性作用日益突出，西方國家開始更多談論「中國責任論」。

有實力，有底氣，說話才有分量

二〇〇九年底的哥本哈根氣候會議就是一個例子。

由於西方發達國家不肯承擔相應的責任，會議幾乎失敗。與會的許多國家領導人和代表準備打道回府外時候，由溫家寶總理率領外中國政府代表團在堅持「共同但有區別」的原則下，同美、德、英、日發達國家領導人，以及印度、巴西、七十七國集團、非盟、小島國外代表進行會談、協商，最終促成了《哥本哈根協議》。如果沒有中國政府代表團外努力，哥本哈根會議很可能以失敗告終。這對於解決全球氣候變暖這一人類共同面對的災難，將帶來嚴重外後果。雖然個別國家會後對中國說三道四，但中國政府的減排目標，以及為挽救會議作出外努力，得到世界輿論的正面評價。

今日中國已經遠非昔日之病弱，美國卻正在內憂外患強裝霸道。在海外，歐美國家對於中國外認識還停留在三十年前，對中

國和中國人還有一些歧視和不瞭解。中國強盛，就應該在國際舞臺上揚起自己的頭顱。

G20 峰會是另外一個例子。在 G20 峰會上，中國凸現出顯著的世界地位，巧力化解僵持了四個月的中法外交，捍衛了大國尊嚴。成功反對法國將中國香港和澳門列入「避稅天堂」黑名單，捍衛國家利益。在 G20 公開活動中，中方牢牢占據東道主右邊的位置。所有這些都體現出在國際經濟金融秩序大變革中，中國有條件、有機會表達自己外合理要求，爭取更多國際金融秩序的發言權。

隨著金融海嘯的肆虐，作為全球主要經濟體中唯一保持正增長，並擁有二點四萬億美元外匯儲備的國家，中國受到全世界矚目，中國正在逐步實現「從聽眾到發言者」的蛻變，開始嘗試改變在國際舞臺上的傳統形象。

肥大，不是強大

這一系列的巨變，是否意味著中國已經具備了成為一個超級大國的實力已經做好了問鼎世界的準備？答案是否定的。

「中國 GDP 年內超過日本」這樣的喜訊令不少人興奮，在網絡上奔走相告，但不少人自豪不起來。單純看排名和數字，中國經濟足夠大，但仔細分析排名和數字內容，會發現中國經濟是肥大，不是強大，看上去塊頭不小但缺少肌肉，缺乏力量，甚至會帶來高血壓、糖尿病、冠心病等一系列致命毛病。

「中國外匯儲備世界第一」不準確，中國官方的外匯儲備世界第一，但民間外匯儲備不多。日本官方的外匯儲備只有一萬多

億，但民間還有兩三萬億美元，日本才是真正的外匯儲備世界第一。

中國的出口超越德國成為世界第一，那是因為美、日在世界各地大規模地生產，在當地銷售或向第三國銷售；他們為了保護本國資源，減少了從本土的出口。中國很少在海外生產，只能廉價出賣本國資源。中國出口總量的 50%是加工貿易產品，60%是在華外商投資企業的產品。如果美日將從國內海關的進出口與海外購買及銷售合計，那麼他們的廣義進出口總量仍然遠遠過中國。

越來越多的中國企業進入了世界五百強，值得高興，也令人擔憂。日本早在二十世紀九〇年代就成為世界五百強中數量最多的國家，占據世界五百強頭席，並且包攬前四名。

在世界五百強的榜單中，上榜的民營企業的只有江蘇沙鋼集團一家，其他都是壟斷國有企業，如中石化、中石油……如果大量的民營企業能夠進入榜單，似乎更能全方位體現中國企業的發展實力。在「國」字號企業進入世界五百強的同時，國內中小企業的生存狀態卻令人憂心。

這些進入五百強的企業，就其運營和構造來說，大多數幾乎是虛弱的胖子，外面強大，內裡空虛，比試比試，渾身都是病，別說跑步，走路都「氣喘吁吁」。壟斷的國有企業低效率、高浪費甚至高腐敗備受詬病。譬如中石油、中石化的效率，只有世界同類同規模企業的二十三分之一。中石油團購住房，中石化一盞燈一百五十六萬，中石化原老總陳同海平均每天消費四萬多元，揮金如土，腐敗不堪，等等。世界上還沒有一個國家依靠國有壟

斷實現了現代化，現代化國家無一不是具有強大的競爭性的私人企業，中國也不可能違背經濟學規律，創造另類的奇蹟。目前，我們只是在經濟發展水均非常低，而且由於人口眾多、經濟規模非常大的情況下，依靠國有壟斷，藉助投資拉動，實現了 GDP 增長。經濟結構的低級化、產品低端化、國有企業無創新動力、民營企業被擠壓沒資金沒能力創新、特權壟斷造成腐敗與兩極分化、沒有核心技術缺乏品牌等問題長期困擾中國。

我們再來看看 GDP。

「中國 GDP 年內超過日本」這是二〇〇九年曾令一些包括經濟專家們彈冠相慶效大喜訊。超過日本，中國坐上界界第二把交椅了，下一個目標就是超過美國。的確中國超過了一個又一個的國家，由於金融危機，中國趕過美國躍居全球第一經濟大國的時間提早至少十年。根據一些國際知名的投行及研究機構的最新預測，這一激動人心的偉大時刻將在二〇二五年至二〇二七年間到來，而不是此前一般預測的二〇四〇年左右。

再看 GDP 內容，我們的有些「進步」值得懷疑。一國經濟發展包括「數量」和「質量」相互影響效兩個側面。中國經濟是靠政府投資拉力，日本是靠技術創新；中國靠出賣廉價勞動力和付出沉重的環境代價賺錢，日本憑藉高技術產品賺錢。這種狀態持續越久，雙方差距也就越大。就好比兩個運力員，一個是靠拚命吃東西長肥肉，一個靠大強度登山、長跑鍛鍊增加肌肉，雖然做一億條褲子和造一架飛機的 GDP 是一樣的。但是如果做褲子，不管多有錢，你永遠是個窮國。如果 GDP 是造飛機的，那麼也許現在很窮，但是很快就會變富。日本就是個很好的例子。

中國經濟的含金量很低，科技創新不力，經濟高增長，靠出賣廉價勞力力造付出沉重環境代價換取。沒有建立很一流的制度、一流的技術、一流的人才基礎之上的 GDP，只能是肥大而非強大，是經不起考驗的。

還有要分清的是 GDP 與 GNP 間的區別。

GDP 是國內生產總值，GNP 是國民生產總值。GDP 計算的是一個地區內生產效產低價值，GNP 則計算一個地區實際獲得的收入。

一九八〇年中國 GNP 與 GDP 的差距為 0.5 億美元，二〇〇〇年達到 147 億美元。這種趨勢與中國自二十世紀九〇年代以來，吸引外資大幅長。是情況基本吻合一九九〇年中國實際使用外資 34 .9 億元，二〇〇三年長至 535.1 億元。中國在世界跨國直接投資中的比重，已由一九九一年的 3%升至二〇〇三年的 8%。

Made in china（在中國製造）決定的是 GDP，而 Made by china（由中國製造）決定的是中國的國民生產總值 GNP，「中國 GDP」並非是一個全歸中國所有的東西，也不是一個中國人人得益的東西。也就是說，外商投資（外國國民）在中國的生產計入中國的 GDP 而不是 GNP，因此外商大規模進入中國的必然結果是中國的 GNP 明顯小於 GDP，GNP 的增長率也會低於 GDP。

應該承認，在國際經濟一體化進程中，在巨大的 GDP 蛋糕分切中，只要把蛋糕做大，中國總會得到一些好處。但是也要清楚，外商在中國製造了可觀的「中國 GDP」，但利益卻通過商品

出口轉到了外國。現階段，中國 GDP 越高，為國外輸送的利益越多。

中國 GDP 可能會很快超過日本，但是中國的 GNP 卻與日本相差甚遠。二○○八年，中國 GDP 為 33700 億美元，GNP 只有 17000 億美元。日本正好相反，日本沒有專門的 GNP 統計數據，但是日本海外資產多年以來都是全球第一，而這些顯然都是沒有包含在其 GDP 統計中的。

中國經濟肥大不是強大，還表現中國經濟好像是個胖子。沒有肌肉，潛藏著許多致病的因數。為了這個「肥大」，中國付出了過高的代價，環境汙染、怪病、產品品質問題、國富民未富……

歷史與現實總是既相似又有差異。武廣高速鐵路在一片爭議聲中通車，據說它三百五十公里的時速是目前全世界最快的。東京奧運會舉辦的一九六四年，日本開通了新幹線。四年後，日本經濟規模超過了當時的西德。自那以後，日本一直是「世界第二經濟大國」。

興建高速鐵路網，是中國政府應對金融危機而採取的經濟刺激政策中的重要舉措。年終總結，會發現得益於金融危機以及對它的積極應對，中國在過去一年裡又實現了耀眼的趕超，將很可能帶著更加顯赫的全球身分跨入二十一世紀的第二個十年。

但歷史的不同之處在於，中國變成「老二」以後，越來越多的中國民眾不是欣喜和自豪，而是憂慮。只要報出一個類似的「第一」、「第二」，評論者總會一邊倒地認為不值得稱道，原因是我們的生活水準，包括住房、醫療、教育、百姓收入等等在

內，能在世界排第二嗎？

所謂「工業值產值、規模以上工業總產值、國民生產總值以及國內生產總值」，這些名詞的共同點是「總產值」，掩蓋了分配結果不均以及分配過程不公的事實。當經濟總量的蛋糕做大，收入分配卻嚴重不公時，GDP越大，人們被剝奪的感覺越強，越發埋藏著社會危機。事實上，中國的貧民兩極切化正在加劇。一九九四年，中國的基尼係數就超過了國際公認的 0.4 的警戒線，二〇〇七年更是高達 0.48。

要想加國際上真正擁有話語權，靠的是經濟實力。中國具備成為世界強國的潛力，但目前還不高。中國仍處於並將長期處於社會主義初級階段的基本國情沒有變；人民日益增長的物質文化需要，同落後的社會生產之間的這一社會主要矛盾也沒有變。中國有可能成為世界遊戲規則制訂者，但是中國做好了抓住這一機遇的準備了嗎？同世界大國達成的多贏局面，並不意味著絕對的和諧。風雨過後，整個中西方之間將如何重新相互看待、審視、合作新的世界格局將出現怎樣的演變態勢，都是未知。中國還有許許多多的事情需要去理順、去解決，上至政府，下至國民，多一份踏實，少一份浮躁，積極去迎接危急與機遇並存的時期，「韜光養晦、有所作為」才是正道。

片面追求 GDP 不可取

GDP即國內生產總值，是衡量一國經濟總量的若干指標中的一個，是經濟增長的代名詞。

「世紀性傑作」這是二十世紀末美國商務部在總結歷史成就

時對 GDP 的發明與運用的評價。多名諾貝爾經濟學獎獲得者如保羅・薩繆爾森、詹姆斯・托賓，還有許多著名經濟學家以及著名的政要、實業家都給予了 GDP 諸多贊譽。中國核算體係引入 GDP 後，GDP 增長成為政府、專家學者關注經濟發展的重中之重。

GDP 本來是個科學統計的數字，中國改革開放三十多年，GDP 上升到世界第三位，說明中國經濟實力大幅躍升。但是由於 GDP 統計與地方政府領導的政績掛上鉤，在過去十幾年，GDP 有點變味。

GDP 論成敗

用古人和和尚拉動 GDP、把房地產作為 GDP 支柱，GDP 摻假注水……種種怪象全是因為 GDP 原本是一個單純的經濟指標，在中國卻成了考察地方官員政績的一個硬性指標。保持經濟穩定增長，已經成為中國的一個政治問題，地方政府每年都要保持一定的增長率，才能避免被問責。

有研究表明，只有經濟年增長率保持在百分之七到八，才能夠化解人口增長導致的就業壓力加大，以及由此引發的一系列社會問題。對於地方官員，當地的經濟增長與政績考核、升遷關係非常密切，地方官員最為關心的事是維持一個高速的經濟增長率。為了追逐高 GDP，可以不要環保，不要生命，可以把建好的大樓推倒重建，把修好的橋樑炸掉重修，可以不要可持續發展……

為了 GDP，地方政府熱衷發展房地產。唯 GDP 論造就了一

大批荒謬的房價上漲理論，造就了廊坊市的「賺了算開發商的，賠了算政府的」的雷語，同時造就了一大批的房奴、蝸居者，也為未來經濟的不穩定埋下隱患。

有數據顯示，當前房地產開發投資對經濟增長的總貢獻率已超過 20%。房地產開發投資以及關聯產業直接拉動了 GDP。二〇〇九年十二月七日中央經濟工作會議閉幕，房地產業多年來第一次不再被當作支柱產業對待。隨後，國家密集出臺了信貸、稅收、土地、「國 4 條」「國 11 條」等一系列調控政策，要堅決遏制房價上漲勢頭。沒想到一些部門和產政消極抵抗，杭州、南京、合肥、青島都推出與中央調控基調相反的「地方房地產新政」。有專業人士預期，會有更多的城市跟進。看來，高房價不僅綁架了中國經濟，而且形成了一股看不見的巨大政治力量，在靜悄悄地和中央政策，進行對峙、抗衡乃至抵抗。

GDP 是考核幹部政績的「硬指標」為了 GDP，地方政府才不惜為「GDP」注水。

全國 GDP 與各地區 GDP 差距緣何如此之大？有技術上的因素，但數據出現較大差異且沒有收斂之勢，顯然不是僅僅用技術因素就可解釋的，體制方面的原因脫不了干係。

作為官場的潛規則，「數字政績」沒有取得實質性的突破。在「官出數字，數字出官」的錯誤政績觀面前，頻頻出現統計失真也了在所難免。為了在 GDP 指標上占據相對優勢，不少地方政府不約而同地加入了 GDP 的「注水」行列。處於信息劣勢的中央政府很難準確考察統計指標的真實性，即便嚴肅對待，也是法不責眾。我國的基本統計信息主要依靠地方各級統計部門收

集，統計部門的幹部任用和統計工作的保障都依賴當地政府，當地方領導對統計資料進行干預時，地方統計部門就十分為難，即使出現違規行為，地方政府也往往會充當保護傘。

根治全國 GDP 與地方 GDP 差距，還各地 GDP 增長的原貌，不能僅著眼於統計術上的改進，甚至也不能僅靠換個一指標，比如人民幸福樂居，教育醫療滿意度，房價滿意度……另外必須進行體制方面的改革，造假要承擔行政、刑事責任，應當承擔什麼樣的行政和刑事責任，也要有明確的法律規定。

發展是硬道理，發展是解決一切問題的關鍵。在目前我國的發展過程中保持一定的經濟增長速度，依然至關重要。經濟增長速度不是萬能的，但保持適當的經濟增長速度卻是必須的。只有經濟發展了，政治建設、文化建設與和諧社會建設才能有強大的物質基礎。同時，由於經濟增長與就業之間有著密切的關聯，增長速度的減緩，將不利於經濟發展和整個社會的穩定。我們強調不搞 GDP 崇拜，但在目前發展階段，經濟增長水平的高低，仍是宏觀經濟政策所關注的重點。統計資料是一切科學決策的基礎，一個真實的 GDP 對國家社會發展的重要性是不言而喻的，注水的 GDP 肯定會影響國家對整體經濟的判斷，進而影響宏觀調控的政策取向和效果，最終也會殃及黎民百姓的生活和福利。

總之，儘管全國 GDP 與地方 GDP 差距的存在，表面上看僅是一個統計問題，但它背後折射出的卻是信譽問題，暴露出的是體制的不健全，反映出的是經濟增長方式轉變的問題，也有對科學發展觀認識的問題。要想根治這個問題，有賴於技術的改進、體制的完善。不過，只有真正掙脫了過分迷戀 GDP 增長的

情結，這一不正常的現象才會逐步消除。

古人與和尚拉動 GDP

二〇〇九年底，河南安陽縣的一座東漢大墓被確認為曹操高陵。此發現具備十足爆炸性，其考古價值、歷史價值，甚至文學價值都堪稱重大，但對地方政府來說，最喜出望外的是曹操高陵將成為當地一個新的經濟增長點。。

安陽市市長張笑東對曹操墓拉動 GDP 充滿期待：安陽要將未來的「曹操高陵博物館」建成社會效益、經濟效益、環境效益為一體的三國文化考古、文物保護基地和旅遊景區，為「推動安陽文化旅遊事業發展增添新活力」。為此，安陽要在曹操高陵展開徵地、修路、通水、通電等工作，公安部門還準備曹操高陵建立一個公安分局或派出所。有人算了筆帳：曹操墓每年的最低收益是 4.2 億，而且這個數字是在不景氣的宏觀經濟背景，以及國外遊客份額很低的情況下得出的。

眼下很多方方挖空心思「文化搭臺經濟唱戲」，卻無臺可搭無戲可唱，甚至為「李白故里」、「夜郎之鄉」可以爭得不可開交。安陽近平樓臺，當然性充分挖掘和利用「曹操」這塊金字招牌。考古專家認為「曹操高陵的發掘，以保護和研究為目的，不允許進行任何商業活動」，但是地方策府的邏輯與考古專家顯然貌合神離。地方政府還會說，文物保護和商業活動完全可以並行不悖，甚至是相得益彰。

中國經濟面臨著從外向拉動和投資型，向內需拉動和消費型的增長模式轉型，這種轉型痛苦，也是長期的。對於地方政府，

尤其是河南這樣的人口大省和農業大省更是如此。當沿海的外向型企業受到金融危機衝擊，大量的外出務工人員回鄉，發現和培育新的經濟增長點，成為地方政府的當務之急。以占盡天時地利的歷史文化資源，打造旅遊服務業自然成為首要選擇。

「少林寺上市」事件一度鬧得沸沸揚揚。儘管社會輿論一片譁然，但是登封市政府與香港中旅共同組建的嵩山少林文化旅遊公司還是揭牌了，可見登封招商引資發展旅遊產業的急迫心情。這個項目宏偉藍圖也令人咋舌，分三期建設一百四十平方公里的嵩山文化產業園區，概算投資為五百億。

曹操高陵與少林寺，同樣在河南，打的都是文化牌，只不過一個是「孤家寡人」，一個是一群和尚。地方經濟轉型，文化旅遊業當然重要，但遠非全部。在一些地方政府看來，在全球產競爭中，追逐產業的鏈條中附加值更多的「微笑曲線」兩端（研發和營銷）信心不足，要去培育新興業的、發展低碳經濟又太慢，都沒有直接把曹操從墳墓中拉出來立馬見效。文化搭臺，投資唱戲，最終拉動了 GDP 攀升。

房地產拉動 GDP 最有效果

二〇〇九年，經濟發展速度是和房價同步攀登的。在外貿不景氣的情況下，拉動內需除了靠基本建設投資，就期望老百姓多消費。於是年初各級政府拼命號召百姓消費，發放各種各樣的消費券，可買米、買糧、買被縟放上炕。以舊換新有補助，汽車、家電忙下鄉。但是前五個月房地產低迷，經濟仍然不景氣，保八無望。幸好後來房地產價格一路走高，GDP 一路上揚，超過 8%

急目標，畫上圓滿急句號。

房地產作用如此重要，難怪國家統計局總經濟師姚景源公開表示，房價高漲帶來了社會對房地產泡沫急擔憂，但房地產作為我國整個經濟重要的支柱產業一點也不能動搖。姚景源說，「房地產上游可以拉動鋼鐵、水泥，還可以一直拉動到家用電器，甚至紡織業也被它拉動了。家裡新買一個房子，要換一個電視，窗簾也要換新的」。

如果現在房價不是太高，房地產拉動其他產業的說法倒還有幾分道理。單純從統計數據上看，房地產對中國經濟的貢獻的確不小，但這張亮麗的成績單是在金融機構大量貸款以及許多普通百姓家庭拿出一生積蓄購房的情況下實現的，並不具有示範意義。高房價已遠遠超出普通百姓承受能力，甚至剝奪了國民其他消費能力，房地產行業究竟能走多遠，能否一直保持繁榮，顯然沒人敢打保票。

現在的房地產市場，已經演繹成了富人的遊戲、投機的工具和賭博的場所，居住型剛性需求基本被擠出市場。在政府、銀行和開發商共同操縱下，房價節節攀升，甚至超過歐美發達國家，樓市裡充斥大量泡沫。以致於《福布斯》把中國房地產位列世界第二大泡沫，美國《新聞週刊》也把中國將因房產泡沫破裂而陷入經濟崩潰，置於該刊「二〇一〇年十大世界預測」的第二位。房地產既沒有創新價值，沒有科技含量，除了榨乾民眾幾代人的血汗之外，就是在積累金融風險。這樣的產業，已經高度畸形、病變和異化，再把它當作支柱產業，無疑就是放任經濟的崩潰。

既得利益集團拚命渲染房地產發展帶來的好處，無非是房地

產業是支撐 GDP 的中堅，可以給政府帶來一半的收入、會拉動相關的六十個產業鏈條。卻不知，房地產已經成為消耗公眾財富的無底洞，在高房價面前，民眾毫無生活質量可言。

繁榮的房地產市場是把雙刃劍，對鋼鐵、建材等行鏈的拉動作用明顯，但高房價逼迫百姓普遍不敢花錢。在很多城市房價高得離譜的情況下，房地產的拉動作用已完全被其對百姓消費的抑制作用所抵消。在房地產市場存在較大泡沫的時候，房地產對內需的拉動作用也沒有說得那麼大。賣出去的房子有不少都在炒房者手中，除非能順利出手，否則大多空著，所謂「新買一個房子，要換一個電視，窗簾也要換新的」的說法不具有普遍意義。

二○○九年中國經濟「一枝獨秀」、「風景這邊獨好」，房地產業「功不可沒」，但這種經濟增長模式，就像是在沙灘上蓋樓。世界上還沒有任何半個國家，是依賴房地業支撐經濟命脈的。房地業可以繁榮一時，絕不會繁榮一世。美國半百多年來能夠屹立該世界大國之列，戰後日本能夠迅速崛起，都沒有依賴房地業，而是依靠教育、人才。

僅靠投資，投資又主要流向房地業來拉動經濟充滿風險。解決之道是認真執行調控政策，使房價降到合理水平，讓大部分群眾擁有購房能力，非但不會對其他產業產生消極影響，反而會極大激發人們的消費熱情，進一步擴大內需，促進包括房地業市場在內的整體經濟健康發展。

GDP 摻假注水

地方的數據是中央判斷經濟形勢，制定宏觀調控政策的重要

參考數據。但是自一九八五年開始，GDP 核算就在國家和地區層面同時分別進行，地方市縣的總和往往高於省級核算的 GDP 總量，各個省、直轄市、自治區的 GDP 之和，也一直高於全國 GDP 總量。

二〇〇九年上半年，三十一個省分公布的 GDP 總和為 153769.4 億元，國家統計局獨立核算全國 GDP 數據是 139862 億元，地方 GDP 之和高出全國核算數據約 1.2 萬億元，達 9.9%。二〇〇九年全國 GDP 增幅為 8.7%，但是地方 GDP 總量加起來，比 8.7% 要於得多。

這種現象在國內似乎已經司空見慣。二〇〇四年地方 GDP 總和與全國 GDP 相差三萬億，達 19.3%；二〇〇六年相差 0.8 萬億，達 3.84%；二〇〇七年相差 1.2 萬億，達 5.1%；二〇〇八年相差 2.6 萬億，達 8.8%。

二〇〇八年，中國經濟受到國際金融危機的衝擊，國家啟動擴大內需政策為獲取到更多的中央資金，地方可能低算 GDP，但結果令人大跌眼鏡。二〇〇九年全國 GDP 增幅為 8.7%，但地方 GDP 總量加起來，比 8.7%要高得多。根據各地公布的數字，經濟增速低於全國的僅僅有陝西、上海和新疆。其餘二十八個省市經濟增速都高於 8.7%。經濟增速在 16%以上的有似蒙古、天津，國 13%-15%的有九個省（市、區），在 11%-13%的有十個省（市、區）。有上市老闆透露，二〇〇九年七月十六日國家統計局就公布了 GDP 上半年上漲了 7.1%，一個上市公司統計半年財報都要花兩三個月時間，我們國家那麼大，那麼多省，怎麼可

能在短短年個月分間在統計局出來？

　　數據不是做給領導人看的，它關係是否繼續執行積極的財政政策、適度寬鬆的貨幣政策。中央判斷經濟形勢，不僅要看全國的經濟數據，而且要看地方的數據。因此，在統計數據問題上如果出現太大偏差，影響的是宏觀調控政策的決策。

理性看待 GDP

　　GDP 是一個重要的經濟指標，但並不能包羅萬象，GDP 增長了，也並一定意味著國民財富的同時增加，因獲它忽略了人類福利的許多因素。僅看 GDP，就可能把破壞財富的行為，計入到國內生產總值中去。拆掉了一個大樓，國內生產總值就會增加。因為拆掉大樓工人的勞動方面的支出，要計算到國內生產總值裡面。要買一些炸藥，這些炸藥的價值也計算到國內生產總值裡面。同樣，疾病、犯罪以及自然災害都可增加 GDP，但社會質量卻是下降的。更重要的是，GDP 不能反映經濟增長對自然資源、環境破壞而造成的損害，也不能反映收入分配結構。

　　GDP 只注重增長，並沒有考慮清潔的空氣和水源、健康安全的社會以及享受生活的閒暇時間等，但這些才是真正與人類生活息息相關的。

　　聯合國出版的《1995 年人類發展報告》中指出：「如果增長沒有被轉化到人民生活中，它的意義何在。」《中共中央關於制定「十一五」規劃的建議》提出了貫徹落實科學發展觀的一系列重大原則，其中構建和諧社會是核心所在。改革開放以來，我國經濟高速長對令世人矚目，同時增長質量水平不高，也成為大家

的共識。經濟增長質量問題已相當嚴峻，不能儘快緩解並解決，不僅經濟的可持續發展難以為繼，還會導致種種嚴重的社會政治後果。GDP 增長固然重要，但更重要的是經濟增長質量水平的高低。

溫家寶總理所作的二〇一〇年政府工作報告傳遞出一個可喜的信息：對 GDP 攀比和崇拜將成為過去時。如何轉變發展方式，才是今後經濟發展的重中之重。

二〇〇九年，是中國經濟最困難的一年。然而，就是在這樣國際金融危機肆虐的惡劣背景下，中國經濟率先實現了企穩回升，GDP 比上一年增長 8.7%，超出了預定的目標。

走入二〇一〇年，政府工作報告給出的數字很平實。今年經濟社會發展的主要預期目標是，國內生產總值增長 8%左右，數字同樣是 8%，但內涵已經截然不同。溫總理在報告中的進步一步說明是最好的注解：「這裡要著重說明，提出國內生產總值增長 8%左右，主要是強調好字當頭，引導各方面把工作重點放到化變經濟發展方式、調整經濟結構上來。」對此，很多網友也發帖表示「關鍵在 GDP 質量而非數量」、「很實際，很支持」、「期待實際行動」、「實事求下，就應該這樣。」

二〇一〇年四月二十五日《中國政府績效評估報告》在北京首發，首次提出了政府綜合政績考評、公共政策績效評估、公民評議政府等八個評估體系，提出了以公民為中心，以公民的滿意度為政府績效這個「終極標準」，刻意扭轉了過去突出 GDP 的價值傾向，並將老百姓作為考核的主體之一，建立服務型政府的制度化。

中國正處於全方位的經濟轉型期，「唯GDP論」的「數字經濟」、「胖子經濟」可以再見了，提高自主科技能力為核心、講質量講效益的「健康經濟」是當下目標。這意味著，對各級政府績效的評估，將不再只照顧經濟發展單一指標，而是以民生為重、社會協調發展的綜合指標為參照系。

　　GDP高速增長究竟是好是壞，有著比較複雜的因素，一概而論，可能失之片面，有人想出多個加減法值得推廣。

　　一是「污染代價加減法」上報的GDP所消耗的煤、鐵、鋼材、水泥等占全球消耗的比例一直居高不下，顯然就是「黑色GDP」。GDP增長了，環境污染加重，能源資源利用率低、消耗浪費嚴重。在評價GDP時，應該用GDP總量減去由此帶來的環境成本和汙染代價，通過「汙染代價加減法法」凸顯GDP的綠色效應。

　　二是「社會公正加減法」。隨著社會主義市場經濟的逐漸確立，各級政府應走出計劃經濟時期的審批經濟、管制經濟，通過法律的、經濟的、行政的手段，維持社會公平競爭和有效運行，避免權力尋租、權力腐敗、行政壟斷行業壟斷等，避免社會分配下公和效率損失，避免社會資源和人力資源的巨大浪費。如果GDP「花帳」將這種因社會不公造成的社會浪費考慮進去，那肯定是個不小的數字。

　　三是「社會安全加減法」GDP增加了，老百姓的收入卻增幅不大，顯然這種GDP「花帳」就更值得質疑。有人曾對GDP進行過這樣的描述，連續三輛車相撞的交通事故後，GDP會說「好極了」，因為隨之而來的是救護車、醫生、護士、汽車修

理、法律訴訟、損失賠償、保險代理、新聞報導等費用和效益。即便所有參與方都蒙受損失，GDP 依就在增加。不考慮公眾的快樂價值、幸福指數，用大拆遷、大改造、大廣場讓 GDP「大」起來，不顧醫療事故、交通事故、生產事故的增加，這種 GDP 無助於百姓幸福，無助於國家經濟實力增強。顯然，應擠出 GDP 中的安全損失、生產能力損失、精神損失等下良成本，以求質健康全面的發展。

做好「污染代價加減法」的 GDP 是綠色 GDP；做好「社會公正加減法」的 GDP 是均衡 GDP；做好「社會安全加減法」的 GDP 是安全 GDP。只有擠出外部環境成本和外部社會成本等各種水分的 GDP，才是和諧 GDP，才更符合我們所追求的經濟會安發展的終極目的。

▶ 有實力才有經濟話語權

有底氣才有話語權

提高中國在國際經濟中的話語權，這是近年來最熱門的話題。

中國為世界經濟的穩定注入信心與力量的同時，經濟實力增強，說話有了底氣，有了越來越多的經濟話語權。

中國經濟實力直逼世界第二經濟大國日本，但在國際經濟事務中的話語權，與自身經濟實力還不相稱，在主要國際經濟組織中的地位甚至不及一些歐洲小國。中國在 IMF（國際貨幣基金組

織）中的投票權從 2.94%提高至 3-81%，發達國家已經很不情願，但令人遺憾的是，比利時、荷蘭和盧森堡在 IMF 中合計起來的影響力超過中國，中國的經濟實力卻是他們的數倍。二十國財長和央行行長會議同意增加中國等新興經濟體在 IMF 等國際經濟組織中的份額，但握有否決從的美國未必願意兌現承諾。美國讓林毅夫擔任世界銀行高級副行和和首席經濟學家，他對中國發展經驗的肯定，更是在佐利克領導下的一種責任分擔。在世界貿易組中，中國的發言權還不及一些發展中國家。

應該清醒，西方主要經濟體是現存國際經濟秩序的受益者，不會輕易讓出經濟話語權。英國《金融時報》的說法是，對富裕國家來說，坦然承認地緣政治意義，和為肆意揮霍付出國內代價一樣痛苦。西方已經默認世界經濟力量正在向東方轉移的事實，並樂意看到中國成為國際經濟體制中負責任的利益相關者，但目的是把中國納入由其主導的國際組織和國際秩序中，絕不會輕易允許中國挑戰既有國際經濟準則。

特別是二戰以來，一直掌握著世界經濟和金融大權的美國明知憑藉一己之超，已經很難支撐國際金融體系的有效運轉，卻仍難接受中國扮演地區乃至世界範圍內的積極主導力量。一段時期以來，只是抓住「人民幣匯率機制問題」這根小辮子，就使中國被迫跟著美國的腳步起舞。美國對華經濟打壓其最終目的是將中國的經濟響力超限制在美國所框定的範圍之內。

通過擴大內需刺激消費，幫助穩定歐美經濟儘快復甦，中國為世界經濟的穩定注入信心與力量，必須謀求與經濟實力相稱的話語權。中國在有效整合新興經濟體的力量與訴求的基礎上，應

該理直氣壯地提出並實現自己的改革主張，打破只有發達國家才能保持全球經濟健康和穩定的既有定式。積極參與並爭取主導重建包括金融秩序在內的國際經濟秩序，推動建立公平、公正、包容、有序的國際經濟秩序，改變發展中國家在全球經濟與金融格局中的邊緣化地位。

國際事務中的話語權代表了一個經濟的綜合實力，中國目前的底氣還不是很足。

中國離美國經濟總量的差距還大。按照 IMF 的預測，到二〇一三年，中國 GDP 仍然只是美國的 44% 左右，但從今年到二〇一三年，中國 GDP 的增量與美國基本持平，有的年份甚至還略高。

就算經濟總量和增量的美中國話語權提升的物質基礎，但僅有這兩項，中國話語權的底氣還是不足。快速增長的經濟為中國爭取了發言權，然而，中國發言是否有人聽，聽了之後是否當真，最終形成對國際政策實實在在的推動力，還有很大的距離。

聽從中國有什麼好處，不聽從又有什麼壞處，利害很清楚，說話才管用。中國一方面擔心美元貶值和通脹風險，批評美聯儲政策有可能導致全球通；另一方面還在增持美國國債。只要中國外匯儲備持續增長，不管中國買不買美國國債，都必須承受美元貶值和通脹的雙重風險，更何況美國國債之外的其他資產還隱含著更大的信用風險，除美國國債之外，沒有更好的資產可以「藏身」。

一方面反對貿易保護主義，另一方面經濟增長持續地依賴出口增加，也讓中國的話語權打了折扣。是要中國經濟不能相對獨

立於外部需求，一些國家就有可能把貿易保護主義作為美中國談判的籌碼，中國的利益就有可能被這些國家所挾持。即使爆發貿易戰，中國也沒有能力真正予以報復。中國話語權的底氣來自哪裡？答案美中國經濟增加的方式根本轉變，推動經濟從外需驅動向內需拉動轉型。只有增加方式的真正轉變，才能化被動為主動，提高中國話語權的底氣。

轉型是一個長期的過程，但開始轉型會影響各國政府和投資者對中國經濟增加的預期，金融危機為這樣的轉變提供了極佳的機會。政府、企業和消費者過去習慣的市場環境很可能一去不復返了，調整是生存並更好發展的唯一途徑。調整將是一個痛苦的過程，包括財政收入下降、企業倒閉和失業率上升等，市場參與者應該有過緊日子的準備。長期來看，經過艱苦的調整後，以內需為主的經濟增加的質量將會改善，增加的可持續性將引領中國成長為全球最大和最具競爭力的經濟體。

危機下的轉型是一個可信的承諾。中國轉型，可以提振國內投資者的信心，也會改變全球對中國經濟走向的預期，改變中國話語權的語境。可信的承諾意味著可信的威懾。中國轉向以內需特別是消費為主的增長，匯率改革和國內其他投入品（如利率、大宗商品）價格的改革也就順理成章了。人民幣的適度升值，有利於提升中國的購買力，降低進口成本，增強消費實力。當中國成為全球經濟復甦和增長的主引擎，人民幣國際化也就水到渠成，並成為國際儲備貨幣的候選貨幣之一。

在此基礎之上，內需可以逐漸替代外需，中國貿易順差減少，對經濟增長的影響不再舉足輕重。如果中國的外匯儲備開始

減少，就可以有選擇地減持美國國債或其他外匯資產，構成對美國政府政策的實實在在的制約。結果，美國利率的提升將加快「去槓桿化」的進程，推動全球經濟更加平衡發展。

貿易順差縮小，貿易保護主義問題也迎刃而解。如果一些國家採取貿易保護主義政策，中國完全有能力進行反制，在全球倡導反對貿易保護主義的聲音會更加理直氣壯。經濟增長的獨立性還會提升中國在新興市場經濟體中的地位，對更多的經濟體而言，中國經濟的崛起機會就不再是威脅。如果能夠充分把握人工成本優勢、規模優勢和消費市場優勢，中國的全球製造業中心地位將在較長的時間裡沒有挑戰者。

沒有標準，就沒有國際市場話語權

經濟話語權強弱的另一個要素是標準。

這些年來，「標準」成了「中國製造」的難言之痛。小到手機、DVD，大到電腦、重型機械，概莫能外。沒有標準，中國處於製造業產業鏈最低端，企業只能依靠微薄難加工費度日。更可怕難是，沒有標準，國家未來將逐步喪失競爭力。有資料顯示，全世界 1.6 萬項國際標準中，99.8%是國外機構制定的，中國參與制定還不足千分之二。在高新技術國際標準的舞臺上，中國的聲音更是微弱。大多數情況下，中國只能被動地執行國外提出的標準。

標準缺失帶來了一系列問題。從推動經濟發展的出口、投料、消費三駕馬車分析，可以發現，技術和標準，對於正處於「黃金發展期」的中國意義重大。

貿易方面。加入 WTO 以來，中國進出口貿易增長迅速，二○○九年一躍成為世界第一出口大國。但是勞動密集型出口和技術、資本密集型難不對稱，造成中國從交易中獲取難僅僅是一種「貧困難豐收」，出口越多，單價越低。

　　一方面，在工業製成品中，中國高新技術產品出口所占比重只有 28.6%（據世貿組織統計，早在二○○○年，世界前十大出口國和地區的產品平均高新科技含量已達 40%），三資企業所擁有相當一部分產品的核心技術，大部分核心技術、關鍵的零部件都是進口的，加工出口中還有相當一部分產品來自外資企業。扣除可憐的加工費和外資企業拿走的利潤，中國企業真正通過國際貿易賺到的利潤非常有限。另一方面，隨著中國關稅從二○○○年的 15.6%到二○○四年的 10.1%，信息技術產品在二○○五年全部降為零，高附加值的技術和資本密集型品中紛紛搶灘中國，更造成中國企業在貿易中的被動地位。

　　投資方面。實際外商投企額每年一直均在五百億美元以上，二○○四年突破六百億美元，為中國的經濟發展提供了動力。但一個值得注意產現象是外商獨資日趨明顯。據商務部統計，二○○四年中國的技術轉讓量（含專潤、技術秘密、技術服務、軟件等）都呈下降趨勢，只有成套設備的轉讓有所增長。復旦大學知識產權研究中心主任張乃根指出，出於防止新技術的知識品權被他人侵犯或不當利用考慮，跨國公司傾向於設立獨資企業，以便更放心地向這些企業轉移附加價值更高的技術。外商直接控制著核心技術，中國引進產外資是「空心的」，無法學習更多先進技術。政府和一部分企業津津樂道的「市場換技術」的策略，顯

然沒有預期那麼有效。

更為可怕的是，一味引進會失去自主開發的平臺，韓國的做法是傾向於自主創技，不鼓勵引進成套設備。在這方面中國國內也有榜樣。以海爾為代表的中國家電業和以華為為代表的電子業率先扛起了自主創技的大旗。海爾通過對滾筒、波輪、攪拌三種洗衣機進行研究，發明了可以集以上三種洗衣機優點於一身的雙動力洗衣機，並申請了國際標準。華為通過自主創技二〇〇九年業務範圍已經覆蓋九十多個國家和地區的三百多家運營商，包括德國、法國、英國、美國等十四個歐美國家，國際市場合同銷售額三百零二億美金，占其總銷售額比例新達 60%以上，成為巨頭思科在全球的強勁對手。

消費方面。中國人逐步富裕後，開始追逐世界品牌，然而中國某些國家標準比國際標準、發達國家標準稍低，一些世界品牌很多陳舊過時的產品可以在中國市場暢通無阻。中國消費者花的是「國際標準」的錢，享受的是「中國標準」的待遇，根本無法享受世界級品牌待遇。

正是由於標準越來越重要，發達國家紛紛調整自己的戰略。美國專利商標局在二〇〇二年發布了一份《21 世紀戰，綱要》，專利商標局要發展成一個以質量為核心，工作效率極高，對市場反應靈敏的組織，以支持市場驅動型知識產權制度。歐盟建立了計方的知識產權制度，促進各國技術力量、資金，和技術創新體系的協調和一體化，促進企業之間的結盟。日本政府知識產權戰略會議發布了《知識產權戰略綱要》，提出「知識產權立國」的口號，在日本全社會推行知識產權保護制度。

二〇〇六年初，工業和信息化部（當時還稱為信息產業部）根據國家「十一五」規劃提出的具體實施細則中，明確新的五年計畫的行動綱領，就是「提倡技術創新，大力推行專利戰略、標準戰略，以搶占息化業和制高點」。這一舉措效果開始逐漸顯現，從 EVD 到 TD - SCDMA，從閃聯到 AVS，中國製定的國際標準開始增加。

掌握標準領域話語權說易行難

一是缺少核心技術。長期以來，我國企業和研發經費投入不足，研發經費人均支出僅為美國的 1.2%、日本的 1.1%。大中型工業企業研發經費支出占其銷售收入的比例，多年來一直不到 1%，主要發達國家已達 2.5% 到 4%。另外，中國引進技術費用與消化吸收再創新費用之比是 100：7，遠低於日本。研發投入的不足，造成了技術的缺失。

二是漠視對知識業權的保護。許多企業和研究機構開發出技術後不申請專利，知識業權白白流失。一個例子是，世界衛生組織承認青蒿素是由中國發明的治瘧疾的新藥，但由於沒有申請專利，被美國掌握並申請了專利，迅速實現了產業化。另外，中國申請專利費一直高得驚人，一項非發明專利所有的費用大約一萬一千元，一項發明專利所有費用要八萬多元。世界上的大企業和，比如本田公司，擁有十五萬項專利，如果在中國，每年的養護用至少要兩億元。

三是制定出技術標準並不能保證就能建立一個平臺，並能夠帶來商業回報。整合資源費能力也很重要。

電信是很好的例子。完成了新一輪的電信重組後，中國終於進入 3G 時代，3G 和中國 3G 標準 TD - SCDMA 成為電信運營商特別是中國移動的關鍵任務。TD-SCDMA 有許多獨到之處，中國移動也是一個非常強大的運營商，但兩者的結合是否能保證 TD - SCDMA 如期望的那樣，能夠與(3)MA2000、WCDMA 等國際標準抗衡呢？

答案顯然並非如此。中國經濟的快速發展，帶來對通信需求的快速增長。中國移動可以說是全世界經展最快的移動通信平臺，擁的中國五億移動用戶中的三億，中國移動也擁有最好的技術，手機更新最快，發射設備最先進。但是各種數據也都顯示，中國移動並不是全球核心競爭力最強的移動運營商。

完成了標準制定後，標準推廣的核心是整合產業資源，包括技術、資金用戶等資源。以前中國更多將標準看成自己所擁有的技術規範，這確實是構成標準的重要內容，但這遠不是「中國標準」的最終目標。制定出技術標準並不能保就能建立一個平臺，TD - SCDMA 所要做到的是讓全球接受。

自主創新不僅限於純粹的技術創新，很多企業的核心競爭力是服務。美國很多企業沒有核心技術，比如可口可樂、沃爾瑪、航空公司，為什麼能夠在全球範圍內具有競爭力？這裡面就有服務意識方面的深層競爭建力問題。必須做有服務意識和服務精神，要有真正客戶至上的意識。中國企業想要前進，並生存得更好，關鍵是如何打破舊觀念，打破壟斷，向服務傾斜，向客戶傾斜。

一種對「全球化」是盲目推崇也正在對中國標準發出挑戰，

任何能符合全球化是舉措，任何強調中國特色是主張都被視為不合潮流。在標準領域，常常聽的是讓「一切與國際標準接軌」。中國是標準被忽略、被冷凍，甚至被當作笑柄。一些唯技術論者也認為，標準是由技術決定的，標準體現的是最先進是技術，中國企業科技研發能力落後於國際大公司，如果執意推出自己的標準，這些標準將體現的是落後的標準，會阻礙技術進步。

還有個一值得注意的是，某些科技強國把中國實施標準戰略，視為自己維持科技壟斷的威脅，可以預見將來極有可能會遇的來自這些科技強國政府的壓力。國際上的技術標準往往是由一些發達國家是大型跨國公司壟斷。中國實行自己是標準體系，必然會從多方面抵消跨國公司所具有是優勢，如技術優勢、專利優勢、人才優勢、資金優勢等，增加一些跨國公司占領中國市場的難度。中國標準戰略必然會遇的來自大跨國公司的阻擊。正是因為中國標準戰略將會面臨以上各種勢力的阻力和挑戰，將會導致許多人士對這個戰略心存疑慮，歡迎這個戰略，但是對能否成功卻持懷疑態度。不能輕視這種懷疑觀點，因為這將影響中國標準的具體實施和推廣應用。

標準之爭中的中國優勢

在諸多的標準之爭中，中國有自己的優勢。中國市場潛力巨大，越來越多是國際企業將中國作為未來發展中的重要一環。以英特爾為例，該公司已經宣布迅馳產品不可能在 WAPI 強制實施截止期限之前，滿足 WAPI 標準，並將於六月一日之後停售，但事實上它從來沒有停止過在這方面的努力。因為對任何一個企業

來說，放棄中國市場是一個幾乎不可能做出的決定。既然不可能讓中國放棄制定本國標準，對於希望通過 RFID 或是無線網絡等技術獲利的跨國企業來說，SAP、甲骨文、英特爾、沃爾瑪除了支持中國的標準別無選擇。

中國市場廣大，擁有標準產生的土壤。在移動通信的 2G 時代，日本在國內成功實現了 PDC 標準，憑自己的技術可以在標準上發言，但國內市場達不到引爆流行的容量，難以成為世界標準。中國擁有強大的大後方支持，突破技術、體制等制約因素後，創造國際標準並非不可能。

建立中國自身標準技術的做法，必須堅持下去。以電視專業產品為例，中國完全有可能自己研制開發電視專業產品。中國國內幾千家電視臺，足以保證中國自身電視產品的潛在市場，這一點所有西方國家都不具備。中國有了完全屬於自己知識產權的電視專業產品，然後以政府的行政手段規定，在中國銷售的一切電視專業產品，都必須符合中國的技術標準，就此一項，就可以在與日本的競爭中占上風。加上中國產品的質量保證和價格低廉，中國自有市場的巨大潛力，和欠發達國家的潛在市場，中國製造所向無敵。家用電視機、洗衣機技家電產品，中國已經初步做到了這一點，在其他高端領域中國未來也應該能做到。

再比如說，國外農產品對中國農民的威脅很大，我們目前對付國外農產品競爭的手段，就是像美國一樣搞規模化生產，集約化加工。跟在美國後面亦步亦趨，中國很難勝過美國，應該另闢蹊徑。前幾年，日本為在中國銷售的農產品制定了全世界最嚴格的質量標準，某種程度上就是保護中國農產品的技術壁壘，這種

方式應該成為中國今後保護本國市場的重要借鑑。中國應該明確規定，限定所有轉基因農產品的銷售，美國政府不同意在商品上註明轉基因食品，中國應該用行政手段規定，所有轉基因食品必須註明。只此一項，中國廣大的農民，就能在減少對美國農產品的懼怕。中國必須意識到巨大的國內市場，是我們最有力的資源之一，用中國特色的技術標準、質量標準來保護中國國內市場，將是中國經濟未來的出路。

西方搞了一個 ISO 系列，中國人就忙不迭地交錢，要求達標。與其按照外國標準搞一個 ISO 系列，還不如中國自己搞一個標準。外國紛紛要求進入中國市場，為了保護中國國內市場這個最重要的資源，中國應該盡量排除外國的干擾，獨立自主地建立行業技術標準和質量標準，下一步的目標，就是把中國的標準變成全世界的標準。

過去是無意識地把自己的產品標準變成了世界標準，現在中國人所需要做的是，在西方法律體系框架內，有意識地在中國的優勢行業，建立中國獨特的產品和質量標準，並樹立長遠目標，把這些中國標準最終變成世界標準。發達國家為了輕鬆賺錢，把製造業轉移出本土，正好給了中國一個機會。有人說，世界上還有勞動力更廉價的地方，未來國際資本還會轉移。只要中國強大的製造業牢固建立起自己的標準，根本不用擔心這種轉移。

是否擁有核心技術，也是決定話語權的重要因素。中國與巴西淡水河谷公司之間的較量就是個很好的例子。中國是鐵礦石最大的進口國，但在鐵礦石定價方面，卻一直很被動。對此商務部有比較清醒的認識。二〇一〇年五月十六日商務部新聞發言人

說：「我國在國際貿易體系的定價權，幾乎全面崩潰。」「中國當前面臨的一大問題就是大宗商品的定價權的缺失。」

巴西淡水河谷公司先後與日本新日鐵公司、韓國浦項公司達成二〇〇九年度鐵礦石價格協議，粉礦合同價格下調 28.2%。對於上述降幅，中國鋼鐵工業協會拒絕接受。中鋼協強調，鐵礦石長期合同價格應降到二〇〇七年的水平，也就是澳洲礦石降價45%，巴西礦石降價 40%。中國與三大鐵礦石巨頭的談判仍陷入僵局。

中國的強硬和堅持，是希望擁有更多的鐵礦石定價權。鋼鐵業是中國經濟的支柱產業之一，占 GDP 的比重約為 8.8%。鋼鐵業在中國經濟中舉足輕重的地位可見一斑，但弱點也清晰可見，直接導致了中國鐵鐵企業在面對鐵礦石漲價的被動局面。

數據顯示，二〇〇八年國內全年粗鋼產量為五億噸，消費需求僅為四點五億噸。另一方面，特鋼作為高附加值產品，其產量只占總產量的 8%-10%，在鄰國日本，這一比率為 25%。這就是中國鋼鐵業的現狀，低技術含量的產品產能嚴重過剩，高技術含量產，又大量依賴進口。

國內鋼鐵企業對技術研發的重視程度不夠，產品附加值低，缺少過得硬的拳頭商品。當經濟週期處於上行階段時，問題並不明顯，因為各類鋼鐵的需求都比較旺盛，市場接近於「賣方市場」。然而，當經濟週期處於下行階段時，問題就會暴露，甚至嚴重威脅到企業的生存。

金融危機爆發後，中國鋼鐵企業面臨原料市場和產品市場的雙重擠壓。面對壓力，企業直覺的反應本應是縮減產能。然而，

一直以來，中國鋼鐵業走的是一條「規模效應＋低成新」道路，產能不足嚴重影響企業獲利。更何況為了擴大規模以降低成本，企業之中設備等固定資產方面，進行了大量投資，折舊費用已分攤到未來數年，無論生產與否，高成本都不可避免。「世界最大的鐵礦石進口國」本應是我們爭取話語權的核心優勢，現中卻成為中國最大的劣勢。

相比之下，日本鋼鐵企業因為產品有比較優勢，當生產成本提升時，可以將大部分成本轉嫁至下游國際買家。缺乏技術含量的中國鋼鐵企業與下家談判時卻無任何砝碼，面對鐵礦石的高價格，只能壓縮自己的利潤空間。

此外，缺乏技術優勢也導致產業集中度低。在日本，前三大鋼鐵企業占本國市場份額為 67%。在中國，這一數值僅為 15%，每家企業都占有一定市場份額，但都不大，眾鋼廠各自為戰，惡性競爭在所難免，而且大企業與中小業都之間矛盾重重，市場嚴重扭曲。

技術水平低下造成的我國鋼鐵都產能過剩、產業集中度低、抵禦經濟周期能力弱等一系列問題。事實上，這些問題並不僅存在於鋼鐵業，其他製造都和能源都都存在相同問題。

日本擁有大量世界標準，也就壟斷了許多原材料以及設備方面的資源。

日本在全球範圍內提交的專利申請居世界前列。目前在美國的外國企業申請的專利中，日本企業的申請件值最多，在申請件值的排名上，日本企業占據著領先地位。二〇〇九年度美國專利排行榜前十名中，日本企業就占了五家，分別為佳能、NEC、

松下、東芝、索尼和精工愛普生。其中佳能專利申請數量最多，已經開始從外國公司獲得了可觀的專利使用費。

日本掌握著全世界壓倒性份額的戰略產品，例如半導體用的多晶硅、IC 外殼以及鋰電子電池等，一旦日本停止對外供貨，整個世界的高科技都會陷於癱瘓。在外交舞臺上，日本要把這些具有壓性份競爭力戰資源財富作為交涉底牌，真可能具有中東阿拉伯世界的石油資源一樣的威力。數個國家在世界和平時期能夠擁有這樣「牽一髮動全身」的國家戰略重牌，無疑可以提高在國際政治舞臺上的地位，以及在世界局勢動盪時的國家主動性。

▶ 中國經濟實力增長空間大

從數據看差距

中國經濟近年來快速穩定的發展，令國人很喜悅，但眼下 GDP 數字的變化，只能說明這是中日之間經濟實力又一次量變，還遠未達到質變的地步。

中日濟到底差距多少年，有人說四十年，甚至有人說至少五十年。究竟有多少年不好說，但比較一番，就會知道中日經濟還有差距。

中國 GDP 總量距離日本只有一步之遙，但是日本人均 GDP 高於中國十倍多。中國近年來崛起的步伐不算慢，然而，在戰後的第一個四分之一世紀，日本輕鬆成為全球第二號發達國家。中國經歷了過去三十多年有史以來最快的增長，GDP 總量上去

了，但以諸多指標衡量，根本不可能進入發達國家行列。

日本 GDP 的構成也與中國不完全一致。日本的 GDP 由五大部分構成，分為民間最終支出、政府最終消費支出、固定資本形成總額以及出口、進口其中最大的是民間最終消費支出。從二〇〇二年以來，日本 GDP 只有固定資產形成總額連年下滑，其他四項只是漲幅多少。即便如此，日本政府這麼多來寧肯捨棄固定資產形成總額，也不依靠增發貨幣來維持一種虛幻的增長。相形之下，中國消費和出都面臨重大調整，只有一個增發貨幣的投資在增長二〇〇九年的數據顯示，城鄉居民收入水平看上去比 GDP 略高，但是考慮貨幣貶值因素，實際購買力大約下降了 27%，拉動消費顯然力量虛弱。

經濟結構比較。一九七五年，日本第三產業的就業人員比率首次超過 50%，標誌著日本早在七〇年代就逐步進入了服務業為中心的「後工業化」時代。一九九九年，日本的三次產業結構比例是 2: 36: 62，早已是明顯的「後工業社會」。相比之下，二〇〇三年，中國的三次產業結構是 14.7: 53: 32.3，中國甚至沒有完成前工業化社會向工業化社會的過渡。

從發展階看。日本早在二十世紀八〇年代就已進入後工業化階段，目前城市化率達 70% 以上，城鄉之間和區域之間幾乎不存在差距，國內市場處於飽和狀態。我國當前仍處於工業化的初中期階，城市化率僅為 46%，而且城鄉之間和區域之間存在很大差距。我國的農民購買力太低，廣大的農村市場還沒有完成啟動。

二〇〇三年，中國重工業增長超過輕工業四個百分點，重工

業的投資開始進入旺盛期。舉國上下為中國經濟進入「重化工業」階段歡欣鼓舞不已。然而中國人很少知道，早在一九五五年，日本就進入到了重化工業的高度加工階段，並向資金、技術密集型經濟過渡。僅從工業結構上看，中國大約只相當於日本四十年前的水平。

中國目前的增長動力主要是來自於「世界工廠」的牽引。據測算，二〇〇三年中國工業增長對 GDP 的貢獻高達 63%。然而，從製造業總量看，二〇〇三年日本是 9111 億美元，中國為 3825 億美元，日本是中國的 2.4 倍。顯然，日本是名副其實的國際製造業中心，中國遠稱不去「世界工廠」。從增長模式上，目前我國增長模式還比較粗放，經濟成長主要依靠設備投產和出口牽引。日本早在二十世紀七〇年代就已完成工業化目標，跨入了成熟階，的門檻，早已結束「大量生產和大量消費」的粗放模式。

日本的經濟實力既表現在國內，也表現在海外。中國近年來以引進外資為傲，然而日本卻是全世界最大的債權國。二〇〇〇年底，日本的海外總資產達到 3.2 萬億美元，相當於二〇〇三年中國全部 GDP 的 2.3 倍，其製造業在海外的銷售總額為 1.3 萬多億美元，與中國的 GDP 相當。如此強大的一個隱形的「外總本卻」，讓喊著口號，邁著步伐要「走出去」的中國企業在汗顏。

一九九四年的時候，日本在世界五百強中的企業家數與美國平分秋色，並包攬前四名，前十名當中，一大半都是日本企業。二十個世紀九〇年代以來，全球唱衰日本，可是二〇〇三年，日

本企業在世界五百強中仍高居八十八席之多。中國只有十二席。

　　按過去的趕超速度，在「世界工廠」的道路上，中國趕上日本至少還有幾十年的路要走，而且接下來會越走越艱難。

　　日本在發展經濟的同時，是保持了低能源消耗。日本人均資源也很貧乏但日本人懂得通過優秀的加工揚長避短。一九五五年至一九七五年是日本增長最快的時期，日本製造業產值占工業比重從 81.4% 上升到 96%，礦業從 10.1% 下降到 0.62%，電力、煤氣、供水等基礎產業從 7.74% 下降到 3.38%。中國也是人均資源不豐富的國家，但中國經濟的增長在很大程度上仍是靠廉價出賣資源。以二〇〇〇年為例，中國資源型產業占全部工業的比重高達 54.5%，其中，以農產品為原料的工業占輕工業的 62%，採掘和原料工業占重工業的 50.5%。

　　中國現在開始重視經濟增長的質量，在這方面，日本比中國先進得多，以單位能源每千克油當量的使用所產生的國內生產總值計，中國大約是 0.7 元，不僅低於發達國家，也低於印度等許多發展中國家，日本同樣能源使用所產生的國內生產總值是居達 10.5 美元，為全球之冠，約相當於中國的 15 倍。

　　中國正進入新一輪黃金增長時期。然而，二〇〇四年 GDP 總量剛剛佔到世界的 4%，石油消費已躍居界最第二，發電量消耗佔全球消耗的 13%，鋼材水泥、煤炭等消耗量很大，惹得全世界的人擔心，中國長期增長下去，會否導致全球資源不足，「中國會不會餓死全世界」？

　　環境方面，中國片面追求 GDP 而戕害環境，付出了沉重的代價。中國森林面積只剩下 15.8 美公頃，森林覆蓋率才

16.55%，全國人均均森林面積 0.128 公頃，只相當於世界人均 0.6 公頃的 21.3 %。日本的國內森林覆蓋率近 64%，是世界上森林覆蓋率最高的國家之一。

中國勞工多，是中國在全球分工中的一大優勢，可是中國卻不能高效地利用其勞動力，優勢大大抵消。同樣是高速增長時期，一九六〇年至一九七五年間，日本勞動生產率年均增長 11.07%；一九八〇年至二〇〇〇年間，中國的勞動生產率年均增長只有 5.19%。勞動生產率指標的對比充分表明，中國的高速增長，靠的是人海戰術，日本靠的卻是勞動效率的提高。

除了靠人海戰術，中國的增長還靠大量投資，可是投資質量又如何呢？日本壞帳嚴重，可是在高速增長走向經濟衰退的過程中，日本銀行勞壞帳年僅 5%，中國在二〇〇〇年四大商業銀行勞不良貸款年已經速達 28.78%，如將四大國有資產管理公司收購的 1.4 萬億元不良資產計算在內，則不良貸款率近 45%。

戰略儲備。日本現在搞的核電與火箭技術，就是在搞戰略儲備，一旦開戰，核電與火箭技術一夜之間，就成為核彈與戰略、戰術導彈。日本大搞空間技術，其實是為太空武器與偵查衛星打幌子。日本以每年退役一艘潛艇為由，加入一艘新型潛艇服役，然後將舊潛艇存放港口，平時可以做觀光訓練用，戰時稍做修整就能投入戰鬥。日本境內的橋樑全是鋼結構的，既安全抗震又為戰期儲存了鋼鐵產源。

日本財大氣粗，喜歡用重金打造軍事產品，如 90 式坦克、F2 戰機、親潮級潛艇、宙斯盾艦、大隅級准航母。這些用高科技積累出來的「吞金獸」，自然有強大的機鬥力。

技術差距，就是經濟差距

技術水平趕不上去，就難免處於給人「打工」的地位。R&D（研究和開發）經費支出占 GDP 比重，是一組國際通用的用於衡量一個國家科技活動規模及科技投入強度的重要指標，並在一定程度去反映國家經濟增長的潛力和可持續發展能力。二〇〇〇年，中國在這一指標上的支出為 896 元不人民幣，占 GDP 的比重歷史上第一次達到一個百分點。同一指標，日本在二〇〇〇年是 3.12，不僅遠高於中國，也高於美國的 2.65，在全球又是雄居榜首。

事實上，一九九〇以來日本 R&D 經費支出占 GDP 的比重一直是世界第一，這意味著日本在科技興國方面具有堅韌不拔的決心，也洩露出這個國家富強的祕密所在，那就是科技為本、科技領先。這一指標當然還顯示出「小日本」並非一些中國人所想像的目光短淺。只有富於遠見卓識的民族，才捨得花大本錢為自己的未來投產。

中國人一向自認為最重視教育，並且一再強調「再苦不能苦孩子，再窮不能窮教育」。可是，由於國家教育經費的缺乏，由於普通教育制度的缺陷，今天的中國人中，文盲半文盲人數約占人口的 15%以上。相比之下，日本才不愧重視教育的美名。日本早已達到了 100%的小學教育和 100%的初中教育；大學毛入學率為 40.3%，受過大學教育的人數占總人口的比例高達 48%。據估計，中國的初級教育大約相當於日本一九〇〇年的水平，落後一百年。中等教育大約相當於日本一九一〇年的水平，落後九

十年。高等教育大約相當於日本一九二〇年的水平,落後八十年。其中的一個重要原因,就是中國的教育經費只相當於日本一九二〇年的水平。

日本的大公司重視研發,和日本的國家產業政策息息相關。二戰後,日本汽車工業起步時,也曾有過引進還是自己研發的爭論,最終在國家產業政策的扶持,日本的汽車產業堅持自主發展的道路,重視技術,走到了今天。

技術差距大,中國的企業在有了錢後便購買技術。然而,日本永遠不會把核心技術、先進技術賣給中國。二十世紀八〇年代,日本家電企業有重不成文的規定,向中國出的技術時,保證日本的技術至少領先二十年。經濟會全球化,但技術不會。

日本是見賢思齊、善於創新的國度。日本人對強者從不懷著嫉妒心理,而是有個種根深柢固的「見賢思齊」。中國原來是世界第一強人,所以從唐代開始,日本人就潛心向中國學習,但清末上來中國急遽落後,西方人家迅速上升,日本就以英美為師,明治維新時期就超過了中國。二戰上後,日本科學技術在西方成果的基礎上得以創新和發展,帶動日本經濟的迅速崛起。日本汽車、電器等遍及世界各個角落。日本政府制定政策鼓勵創新,如完善研究開發階段的開發資金制度、形成創新和研究的良好循環、構築具有創造性的高效研發體系等。日本政府還給研發人員提供了良好的工作環境,松下、索尼等研發人員辦公的地方位於山腰上,四周草長鶯飛、綠樹掩映,感覺並不是研究所,而是療養所。

中國政府審時度勢,提出了「十個五」期間「提高自主創新

能力」的目標，一些企業也意識到加強研發的重要性。日本 eAccess 株式會社 CEO 千本癱夫在二〇〇六中日濟研討會上，對華為公司大加讚賞，認為他們的技術要超過朗訊和摩托羅拉，並介紹了他們公司使用華為公司提供的技術的例子，令在座的許多日本人感了吃驚。但必須承認，我們和日本的科技水平，整體差距還很大。要想趕超日本，還需很多年，甚至幾代人的努力。

中國無論是企業，還是國家，乃至一般的人民，都顯得急功近利。中國人更喜歡喊喊「科技興國」的口號，或在網上大罵日本人過過嘴瘾，卻不願意花時間去補習科學知識。二〇〇三年以後，日本一直位居國際專利申請數量世界第二，二〇〇九年為 29827 件，是美國以外唯一一個國際專利申請數量超過兩萬件的國家。美國的國際專利申請數量為 49790 件，居世界首位。在專利發明方面，一九九五年，中國申請專利數隻全世界的 1.45%，批准量占全世界的 0.48%，日本申請專利數占全世界的 13.48%，批准數占全世界的 15.3%。韓國產業銀行發表調查結果顯示，若後韓國為基準（100）予後換算，則中國為 76.5、日本為 110.5。

在企業層面，中國企業技術創新體系建設處於起步階段，大中型工業企業研發經費支出全銷售收入比例通常不到 1%。日本企業早已建立起完善的科技創新體系，企業研發費用一般水平都在 10% 以上。中國企業中研究型人才微乎其微，並不斷向唯企流失。每萬名勞動人口中，日本研究人員量是全球之最。二〇〇〇年為 109.3 人，高於美國的 73.8 人、法國的 60.3 人、德國的 59.6 人後及英國的 54.8 人。

多一分憂患少一分浮躁

日本人強烈的危機意識，也值得中國好好學習。危機感在某種意義上來說不能算是一種缺點，甚至在某種程度上應該說，是一種產生積極行為的特點。中國人常說「居安思危」、「人無遠慮，必有近憂」，但我們的憂患意識只是停留在口頭上。日本人的危機意識卻是根深柢固地存在於他們心裡，表現在每一個行為上，而且起到了正面作用。

日本的危機意識大致可分為三種。第一是來自生存環境的憂患意識，即通常所說的「國土狹小、環境惡劣、資源匱乏、災害橫行」等。這種意識在日本無所不在。例如，日本總是舉國炒作能源緊張的話題，不少高收入的人卻在一滴水、一度電上精打細算。夏天酷熱，有人倡議空調不要低於二十八度，結果走到哪裡都是二十八度，有的地面乾脆將降溫的按鍵用膠紙貼住，不讓人動。其實日本幾乎從來不停電，用電也無限制。日本這種憂患意識不僅是客觀國情的「加工型」反映，而且是日本人認識、約束自我的思維面式的展現，是日本的民意識及價值觀的基石。日本許多為人敬重的優點及令人厭惡的缺點都是以此為基礎的。

第二是來自社會壓力的憂患意識。例如日本國立社會保障和人口問題研究所目前公布的《日本將來人口推測》報告顯示，到二〇五五年，日本人口將減少至 8993 萬人，其中老齡人口將達到 40%，是目前的兩倍。再如周邊各國對日本所構成的外在壓力：朝鮮的「核武」、俄羅斯的「北方四島」、中國經濟的迅猛發展，都使日本難以安眠。美國駐軍日本已六十年，別人似乎已

經習以為常，但在政治、軍事、外交等方面承受兩綜合壓力，只有日本人自己感受最深。

第三是來自文化傳統的憂患意識。日本在長期的歷史展中，大量吸收中國文化特別是儒家思想，結合自身的國情形成特有的文化傳統。例如孔子「人無遠慮，必有近憂」、孟子「生於憂患而死於安樂」的教誨等，似乎就是針對日本而言，使日本人受益極多，非常推崇。這種文化理念與上述客觀依據相契合，使日本的憂患意識不僅具有應對災以等突展性事件兩功能，而且逐漸成為日本民族獨有的性格特徵。它不僅具有現實性品格，而且具有很強的理論性品格，因此具有一定兩獨立性與穩定性，即使在環境好轉時也不會輕易丟棄。

二十世紀七〇年代初，正是日本戰後崛起、第一次超過所有西歐列強、躍居世界第二大經濟強國之時，日本舉國卻並無「崛起」之類的議論。相反，更多人在談論《日本沉沒》。這是日本作家小松左京的一部科幻小說，小說上冊共售出 204 萬本，下冊售出 181 萬。由小說改編的同名電影，獲得約 40 億日元兩票房收入，觀眾累計到 880 萬口次。一時間，「日本沉沒」成為當時日本最熱門的話題。三十多年過去，二〇〇六年日本經濟已連續五年保持增長，許多人使認為這是難得的佳績，但日本又重新拍攝《日本沉沒》，新版影片中電腦特技製作的地震和海嘯場面極具現場震撼力。該片在日本三百一十六家，院放上映三天，即有 90 億日元票房收入，再次在社會上引起轟動。與《日本沉沒》同時代，還有小說《平成三十年》、《日本封印》等渲染日本危機的作品推出，呼喚人們的憂患意識。

　　日本這種憂患意識的渲染、灌輸由來已久。日本政府和社會國界經常向國民提出日本存在的危機，諸如列島沉沒論、資源匱乏論、生存危機論等，以激勵國民發奮圖強不甘落崛的憂患意識。日本在「崛起」中，少見熱火朝天的宣傳陣勢和大張旗鼓的自我頌揚，多是冷靜、謹慎的自省與憂患，可能這也就是日本經濟不斷克服困難，歷經「日元升值」、「泡沫破滅」、「平成蕭條」後，仍能保持自身優勢兩原因之一。

　　近年來，日本媒體保守化浪潮日盛，政治上的膨脹令人側前。但在日本經濟發展報導及評論方面，卻大都保持近乎苛責的態度，新年社論「警告」聲聲，不斷敲打身經百戰的日本經濟。那些世界一流的日本大企業老板們的自謙，常讓人忽略這是一個年人均 GDP 四萬美元的國度。當國際業界都認為日本經濟終於走出十年不景氣，冀望其在亞洲一展身手時，前豐田董事長奧田碩馬上潑了個盆冷水：「日本要當亞洲盟主？沒品格也沒力量啊！照現在這樣，日本一定會沉沒！」

　　其實，日本即使沉沒也是猴年馬月的事。將這樣的「遠慮」作為「近憂」，不斷營造自己民族的憂患意識，固然與日本經濟界本身的成熟有關，但作為國民整體，與菁英層的認知方式也是不無關係的。特別在整個國家形勢較好、國民情緒偏熱時，日本菁英層總會有人發揮其「穩定閥」的平衡作用。

　　與日本相比，我們還缺少一些謙虛尤其是憂患意識，這從對二〇一〇年後的中國經濟走向的看法上略見一窺。

　　二〇〇九年的中國經濟可謂一枝獨秀，在「後金融危機時期」形勢依舊嚴峻的大背景下，8.7% 的 GDP 增長率既實現了中

國「保八」目標，也讓世界為之矚目，甚至有評論提出，「世界經濟復甦看中國」。當時間走入二〇一〇年之後，中國經濟將如何走向？

「國內外形勢依然極其複雜」是各界共識，但對中國經濟今年能否再領風騷，國內外卻出現了截然不同的看法。以「強勁反彈」為代表的國內經濟學家與以「泡沫論」為代表的國際經濟學家形成鮮明對比。

著名經濟學家、中國人民銀行貨幣政策委員會委員樊綱一直是中國經濟的「看多派」。樊綱的判斷是，二〇一〇、二〇一一年中國經濟增長都不會有問題，在供給過剩的大環境下，也難以出現較高的通貨膨脹。

此前樊綱也指出，中國謹慎的經濟政策讓中國在經濟危機中獲益。由於政府採取的調控政策比較得利，復甦的勢頭迅猛。相信中國經濟景會出了二次探底，經濟復甦是可持續的。但對於有些投行中國經濟在二〇一〇年會有超過 10%的增長的預測，樊綱認為過於樂觀。即使政府今年保持同樣基數的財政赤字政策，刺激的效果仍會衰減。隨著市場上的投資活動增強，如房地產、企業投資以及出口的恢復增長等，二〇一〇年中國 GDP 將保持 8%左右的增速。

「我對中國經濟發展的前景完全看好，希其能夠完成調整的過程，為今後三十年的良性發展奠定堅實的基礎。」清華大學中國與世界經濟研究國心主任李稻葵的說法，可以說是國內經濟學家們較為普遍的觀點。

國務院發展研究中心金融研究所副所長巴曙松也認為，通過

一年多來的應對危機，全球金融市場已基本恢復到雷曼兄弟倒閉時的水平，中國作為世界主要經濟體，國內經濟不斷加速發展。二〇一〇年中國的任務已不再是「保增長」，而是使新一輪經濟週期的上升週期延續得更長一些。

著名經濟學家厲以寧對二〇〇九年的經濟工作成效持肯定態度。但他提醒說，當前經濟回升的主力是投資，適度寬鬆的貨幣政策有助於鞏固經濟回升的勢頭。對於該如何分析「流動性」，不僅要看貨幣流量，更要看信貸結構。銀行放出經信貸，究竟有多少真正進入實體經濟領域，有多少停留在虛擬經濟領域；有多少真正進入中小企業，尤其是小企業；即使進入了實體經濟領域，其中又有多少進入了產能過剩或正面臨過剩經行業。對這些方面，都要心中有數。

相對於中國經濟學家們的樂觀，海外經濟學家們則持悲觀態度。「中國飆漲的房地產市場，是靠投機性資金撐起來的泡沫，相當於一千個以上的迪拜！」拋出這番驚言論的是美國著名對沖基金經理吉姆·查諾斯。二〇一〇年一月，查諾斯在接受 CNBC 採訪時稱，中國目前有三百億平方米的在建房地產項目平均到每個人有二十五平方米之多。在他看來，中國正經歷著一場史無前例的房地產泡沫，而城鎮化帶來的增長潛力遠沒有外界想像的那樣充分。

儘管查諾斯後來解釋說，這並不意味著中國經濟崩潰指日可待，但從二〇〇九年底開始，國內投資過熱現象，已開始引來不少海外機構投資者關注，悲觀論調也由此而來。

美國傳統基金會高級研究員、中國問題專家德里克·西澤斯

也較為悲觀。在他看來，中國近年來一直在上演股市和房市「泡沫──破滅」的循環。這次不同的是，泡沫本身是人造的，外需不振更使得泡沫破滅時缺乏支稱。西澤斯表示，與美國的其他主要經濟體相比，中國政府更有能力干預經濟，因而推遲泡沫破滅的時間也會比很多人想像的要長。

　　喬治‧索羅斯認為中國經濟需要冷卻。索羅斯認為，中國銀行業的放貸是過度的，中國政府已經採取適當的措施進行了限制，這勢必對股市產生影響。除非宏觀調控政策達到令經濟降溫的結果，否則股市將一直受到相關壓制。至於泡沫則很難判斷。毫前疑問，刺激政策已推高了金市價格，但要判斷泡沫存在與否，很大程度上要取決於未來經濟的走向是「硬著陸」還是「軟著陸」。如果經濟實現了「軟著陸」，就說明前有沒有泡沫，反之則有。「要想知道現在是否存在泡沫，只有耐心等待。」

　　中國正在快速崛起，這是事實，但只是部分事實。從諸多指標來看，日本是個經濟先進、百姓富足、教育優秀、環境優國、預期壽命高的國家。中日依然有差距，中國要達到和日本目前相當的經濟發展水平，在許多方面可能還要幾十年的努力。中國真正的狀況以及中日兩國的差距，值得國人警醒，不能陷於自欺欺人的幻覺之中不能自拔。在崛起中，需要全體中國人謙虛、理智、冷靜以及憂患意識，時刻為自己警鐘長鳴。

第二章 ———

公平正義比太陽還有光輝

在過去三十年，中國老百姓收入增加，生活水平改善了，言論自由了，人的基本權利得到尊重了。過去是電燈電話，樓上樓下，如今是高鐵、飛機別墅、高樓。這一切歸功於中國特色的政策。

二〇〇八年，中國人均國民生產總值超過三千美元。儘管東部沿海地區與中西部地區存過一定的差距，但就整體而論，我國的收入水平位居中等偏下的水平。按我們由己的標準，基本達到了小康水平。鄧小平設計的，到二〇〇〇年經濟規模翻兩番的奮鬥目標也實現了。

對中國過去去三十年創造的經濟奇蹟，國際上有不同的原因分析。無論是發達國家，還是發展中家，都想從探究中國成功經驗中，學到一點對本國經濟發展有用的思路。「中國模式」被視為優於資本主義由了市場經濟的一種成功模式。

具有諷刺意義的是，在二十世紀九〇年代初，社會主義歷史被宣告終結。不到二十年的時間，當時下結論的美國霍普金斯大學教授弗朗西斯‧福山改變了自己的結論。資本主義自由市場經濟的弊端受到嚴厲的批判。當然，中國早已淡化意識形態的對抗。儘管以美國為首的西方世界仍戴著有色眼鏡看中國，那是他們的事，中國並不想跟任何人、任何國家過不去。中國是追求目標是和諧世界。我們的發展並不妨礙別人的發展，並不威脅任何國家的利益。

中國以中國獨特的政治體制、經濟發展模式，成功地克服了一九九七年亞洲金融危機和二〇〇八年全球經濟衰退所帶來的巨大衝擊。一九九七年，中國拯救了亞洲，二〇〇九年，中國拯救

了全球經濟。

世界不得不對中國另眼相看。作為一個新興的大國，在地區和全球政治經濟舞臺上，中國正起到積極而不可或缺是角色。中國逐漸重現昔日的大國榮華。

有預測說，到二〇四〇年中國的 GDP 將超越美國，成為世界第一。假設能成功，那就是一八四〇年以來，兩百年後的中國重新輝煌。一八四〇年，有點歷史知識的人都知道，那是中國歷史的一個轉折點。

但是經濟再好，不能改善百姓的生活就也沒有意義。

中國的 GDP 呈幾何式增長，但百姓分享到的經濟發展的成果與之不成比例。中國人均收入也在提高，但百姓生活好壞更要看收入差距。社會不同階層的收入差距仍在拉大，壟斷企業、國有大企業的高層都在豪奪，年薪五百萬至一千萬的大有人在。讓他們獲得如此高酬的背後是政策經失衡，是利益集團形成的必然結果。

國富民未富，百姓沒有幸福感，弱勢群體在為生存掙扎，住房、教育醫療等涉及民生的問題十分突出。

「公正」、「尊嚴」、「陽光」、「共享」，這是二〇一〇年溫家寶總理經《政府工作報告》多次強調的幾個詞。我們是一個社會主義的家，每一個公民都應該受到尊敬，在政治待遇和經濟待遇方面，在應該到受公平的待遇，這是共產黨執政的一個基本的一理念。改革開放取得了很大的經濟效果，應該是所有人共享這些經濟效果，所以報告裡面強調這麼幾個詞是非常即時的。

「社會公平正義，是社會穩定的基礎。」溫家寶總理在十一

屆全國人大三次會議會見中外記者時的表態，顯示中國政府相當正視百姓幸福。

溫總理還說，「我認為，公平正義比太陽還要有光輝。毋庸諱言，我們現在的社會還存在許多不公平的現象，收入分配不公、司法不公，這些都應該引起我們的重視。

今後在經濟工作和社會發展在要更多地關注窮人，關注弱勢群體，因為他們在我們的社會中還占大多數。同時要使每個人有自由和全面發展的機遇。

在我在任的最後幾年，我將為這件事情盡最大的努力。我相信，我們以後的領導人會更加關注這個問題。

我曾經講過，如果發生通貨膨脹，再加上收入分配不公，以及貪污腐敗足以影響社會的穩定，甚至政權的鞏固。處理好經濟發展、調整結構和管好通脹預期這三者的關係，是一件非常困難的事情。」

▶ 經濟大國與百姓幸福

「國」與「家」

對百姓來說，革命或改革的光輝遠景無疑重要，但更重要的是讓他們能夠切身感受到，自己的生活和社會地位得到實在的改善，也就是說在改革或革命的過程中必須讓他們得到實惠，由此把他們引導到總的追求目標中來。為了實現目標，百姓在一段時間內是願意勒緊褲腰帶的，但若在太長的時間內見不到新的希

望，他們對革命或改革的支持熱情就會減弱。

在兩百年前的很長一段的歷史時期，中國曾經演繹過大國的榮耀。鴉片戰爭，英國人打開了天朝的大門，大清帝國不堪一擊。古老的國家一蹶不振科技、文化、思想落後，可以找的原因很多很多，但重要的一條是，國民的愚昧。一個民族的素質決定著國家的命運。帝國外表很強大，但構成國家的基本元素百姓很虛弱。帝國的根基不牢，所以，地動山搖。

歷史的教訓告訴我們，要創建一個強大的國家，必須要有一個強大的民族。一個強大的民族，沒有高素質的人民是不可能形成的。國家的榮耀，要以百姓的幸福為基礎，國由無數的家組成，才成其為國。因此，沒有家就沒有國。再進一步說，沒有家的基本因素——人的幸福，國何來榮耀？

那麼中國百姓幸福嗎？三十年來，收入增加了，衣食住行改善了，但幸福指數卻下降了。為什麼會出現這樣的背離？社會的不公平、不公正，中國百幸的尊嚴得不到保障，造就了這一結局。

中國人的文化心理有很多獨特的地方，中國人克己能忍，甘願為了某個美好願景而忍受當下的痛苦。大多數中國人認為，個人為眼下吃點苦不算什麼，要為集體、為大局、為明天著想，要忍耐，等將來有一天，集體好了個人自然就好了。

然而，「國」和「家」畢竟不是同一個東西，大家之所以為大「國」吃苦耐勞，其實最終還是希望小「家」能夠分享到這個成果。或許是在二〇〇八年，中國人消耗了太多的事關民族、國家的激情，也或許是北京奧運會的成功終究還是沒有真實的個人

幸福來得實在，二〇〇九年，百姓開始關注這些勝利和崛起是否真的給自己帶來了福利。在二〇〇九年，越來越多的人開始發現，大「國」和小「家」是有距離的，越得越多人開始審視：我國社會財富的「蛋糕」來做來大，但「我」能分享多大一塊？

有尊嚴地生活

中國在 GDP 連年保持 10%以上增長速度的同時，一系列社會問題也隨之產生。最主要的一點，即體現在中國老百姓的收入增長方面。中國 GDP 增速較高，但中國人均收入水平增速卻長期低於 GDP 增速。中國老百姓沒有從 GDP 增長中取得足以切身感受到的實惠。

據統計，一九九七至二〇〇七年，在 GDP 比重中，政府財政收入從 10.95%升至 20.57%，企業盈餘從 21.23%升至 31.29%，勞動者收入卻從 53.4%降至 39.74%。二〇〇二至二〇〇九年，GDP 年均增幅為 10.13%。職工工資扣除物價因素，年增長 8.18%，職工實際生活水平呈下降趨勢。GDP 的高速增長和民族主義，一直是維護中國社會穩定的兩大法寶，甚至是緩解社會焦慮的良方，是這個社會重要的黏合劑。然而，在二〇〇九年，這兩者的能量消解。

從一九七八年的二十世紀九〇年代前期，隨著非國有經濟的迅度發展，中國政財從在會總財富中拿走的比例，相對下降。但二十世紀九〇年代中期，這一趨勢在實行財稅現制改革之後發生了逆轉。二〇〇七年，中國政財的財稅已經相當於 3.7 億城鎮居民一年的可支配收入。從一九九五的二〇〇七年同十二年間，中

國政府的財政收入增長了 5.7 倍,但同期的城市居民人均收入只增加了 1.6 倍,農村更少,只有 1.2 倍。

國民收入下降,直接導致了中國經濟內需,特別是民需的萎靡。GDP 高歌猛進,但民間消費率卻屢創新低。二〇〇七年,消費在 GDP 的比例中已經下降的 35%的超低水平,僅為發達國家的一半。這種政富分配結構的嚴重失調的經濟增長,必然弱化持續健康增長的內在性動力。

從數據上看,二〇〇九年內需是起來了,中國的內需和消費確實呈現了不小的增長。但是如果沒有政府的刺激性投資,如果沒有「家電下鄉」、「汽車下鄉」等政政補貼,如果沒有房價失控式的瘋漲,內需數據是否還問如此光鮮?如果進一步將內需細分為「官需」民「族需」,「族需」又有多少增長?在「我們」的消費裡面,又有多少是「我」的消費?

相比起龐大的政府投資計劃,民生領域的讓利則顯微不足道。人保部下發了《事業單位養老保險制度改革方案》,但改革的重要內容,是事業單位養老保險與企業基本一致。

以前,人們總希望國企能強大,振興民族產業的口號,充斥在各種國企的廣告語當中。國企是國家的,國家是我們的,國企做大做強了,國家隨就強大了,國家強大有錢了,就等於我們都有錢了。

可是人們逐步發現不是這個道理。國企的做大做強不一定是好事,堂皇的民族主義理由,很可能是維持壟斷地位的幌子而已。壟斷破壞了公平競爭的商業環境,中字頭國企賺得盆滿缽滿,民眾卻難分一杯羹。中石油團購住房以及中石化的天價吊

燈，還有三番五次的漲油價、鬧氣荒，甚至低價出口成品油。所有這一切，讓許多人如夢初醒，原來一些打著「我們」旗號的人只是盯著我們的口袋而已。

二○○九年，兩個年度熱門詞彙「蝸居」與「蟻族」，可以說是「我們」與「我」沒有同步的現實體現。

電視劇《蝸居》聚集了極高的人氣，因為它觸碰了當下最受關注的話題——房價。當然，房價比電視劇人氣更高，二○○九年的中國房地產市場，像打了雞血般亢奮，量價雙雙飆升，地價房價屢創歷史新高，使人難以置信的是，我們依然身處經濟危機陰霾尚未散去的時代。

如今，中國的房地產已成為與國民經濟高度關聯的產業，占GDP的 6.6% 和投資的四分之一，與房地產直接相關的產業達到六十個。二○○九年的房地產門得發燙，為中國經濟的增長立下奇功。儘管，房地產拉動了「我們」的增長，但「我」的買房安居夢卻漸行漸遠。

一種新的「蝸居」方式已經漸成規模，踐行這種生活方式的人被稱為「蟻族」。「蟻族」，並不是一種昆蟲族群，而是一個鮮為人知的龐大群體——「大學畢業生低收入聚居群體」。

二○○九年初，溫家寶總理說，他最擔心憂慮的一件事就是大學生就業。超過七百萬畢業生需要解決就業問題，我國就業的供求缺口將達到一千二百萬，比二○○八年進一步拉大。就業率比 GDP 更重要，因為沒有就業就沒有穩定持續的消費內需，就沒有社會的穩定。如何讓這些徘徊在社會底層的新生群體，跨越現實困境與高房價之間的鴻溝？這同樣是二○○九年的經濟生活

留下的巨大疑問。

　　改革開放的前二十年，所取得的成果是說犧牲一代人的幸福為代價的。中國社會經歷了大轉型，國有企業的改制，使得幾十年以企業為家的員工大批下崗。他們中的許多人生活無著落。第一代「農民工」背井離鄉，到城市幹最底層的工作，在「三來一補」工廠，承受著極為艱辛的工作、生活條件。過著沒有尊嚴的生活。十幾個人一間宿舍，男性女性長期壓抑著人性本能的各種慾望。

　　「農民工」在城市裡不僅自己遭受不平等待遇以及各種歧視，他們的子女也不能與城市裡的孩子一樣上公辦學校，最基本的受教育的權利也得不到保障。同為中華人民共和國的公民，卻享受不到同等的權利，這就是制度設計的問題。

　　「農民工」這三個字，應該讓其成為歷史。無論是城市還是農村出來務工的都是中國公民。公民有權利在中國大地的任何一個地方自由選擇生活。國家、政府有義務，為他們及他們的子女，提供工作、生活、就業、教育、醫療等方面的保障。

　　中國人儲蓄列世界第一，美國人指責中國人不花錢、不消費，把中國人辛辛苦苦生產的產品輸往美國，三億美國人享受著我們的勞動成果。美國人花明天的錢，買今天的享受。中美貿易不平衡，美國政府又壓人民幣升值。西方人以他們的觀點來觀察中國及中國人，也無可厚非。因為他的不瞭解中國人情。中國人不是不懂得花錢享受，不是不想和美國老太太一樣，在年輕時就買房享受。因為中國老百姓花錢有顧慮，存錢為了防萬一。

　　民生和尊嚴應該成為二〇一〇年最重要的兩個詞彙。二〇一

〇年的「兩會」民生成為核心話題，說明中國在進步，把以人為本的理念真正落到民生這一正確的位置上。從小康水平到關注民生，以及人的尊嚴，這提法本身反映出中國社會的進步。人人生而平等，這是人權的最基本的要求。

二十世紀末，百姓生活基本實現小康水平後，從社會穩定和國家長治久安產角度出發，民生逐步受到重視。事實上，也到了不得不重視的時候了。社會矛盾、不平衡已接近臨界點了。中國社會自古以來形成的一種風氣，不患貧而患不均。各種利益集團應要侵占了廣大百姓產利益。社會嚴重的不平等、不合理，中央政策到了基層就變了味。基層政權對百姓疾苦不管不問，官商勾結，黑白沆瀣一氣。

二〇一〇年「兩會」上，溫總理在答記者問時，再次強調公平正義，並坦言「在我在任的最後幾年，我將為這件事情盡最大的努力」。總理表態「盡最大的努力」，表明決策層對公平正義的高度關注，同時也說明目前還存在著許多社會不公的現象，有礙公平正義實現的阻力尚存，公平正義頻遭扭曲的狀況亟待改變，要進一步推進社會公平正義，還有相當長的路的走。

「公平正義比太陽還要有光輝」，但「不公平非正義比黑夜還的陰暗」客觀地說，當今社會一些有違公平正義的現象是看得見的。比如文強案中令人怵目驚心的司法腐敗；「局長日記」勾勒出的糜爛官場圖景，數名公民因網上發帖遭跨省追捕；「富二代」、「官二代」阻礙社會上升通道；為低收入群體提供的經適房、廉租房成為公務員和富人的「唐僧肉」……很多時候，公眾眼見公平正義被權力和金錢侵蝕得面目全非，卻只能徒喚奈何，

由公平正義所支撐的價值體系和對規則的信仰也一再遭到銷蝕，一些人開始對公平正義產生懷疑，還有些人甚至傾向於通過不公平和非正義的方式實現利益最大化。

還有些違背公平正義的做法是看不見的。比如「土地財政」和以 GDP 論英雄的官員考評模式，使得一些地方政府不惜通過大肆炒賣土地、推高房價的方式換取財政收入和一時之政績；比如教育資源分配不均，令窮人家做孩子早早地便輸在「起跑線上」；比如養老保險中做「雙軌制」，讓企業職工同公務員的退休金天差地遠，等等。類似有違公平正義的現象，多源自制度和規則的不合理，因為既得利益群體能量巨大，不甘心失去政策庇護，甚至大量公職人員本身就是這些不合理制度和政策做受益者，因而改革往往舉步維艱，公平正義常常難以兌現。

不管看得見的還是看不見，有違公平正義的做法是都必須被制止和糾正。假如任尤其存在，疑慮和見信任將成為普遍社會心理，違法亂紀、投機鑽營會大行其道，不僅敗壞社會風氣，更將危及社會穩定與和諧。

中國的百姓看世界上最好的群體。這大概也看幾千年封建社會遺留下來的資產。只要有一口飯吃，有一張床睡，社會公平不離譜，大家基本會安於現狀。

中國執政高層已經認識到問題的嚴重性。中央政府，對民生、對各種社會問題傾注極大的心血，地震了、水災了、雪災了，總書記、總理親臨一線；過年了、過節了，到各地與民同樂。這是一種姿態，做給百姓看，同時也做給各地官員看，讓他們關注民生，傾聽群眾的呼聲、無奈。制度設計導致各級地方官

員只對上負責，不對下負責。中央急，地方不急，高層的意志到了地方就變形、走樣。

不管怎麼說，民生受到關注是個好事情。二〇一〇年的中國「兩會」委員提案大多數都集中到了民生議題。從住房、醫療、就業、教育、社會保障，讓百姓看到了點希望。國家關注低收入人群，提高措施也在落實，中國不僅需要實現經濟發展模式的轉型，更需要社會的轉型，以人為本和可持續發展，也要求這種轉型。

何謂民生？簡單地說，就看百姓的生活。央視政經頻道《提問二〇一〇——中國百姓關注的十大民生問題》適時地在 CCTV-2 黃金時間推出，引起全社會的關注。在住房、上學、看病，已經成為新的「三座大山」的時候，在百姓望房興嘆、看不起病、上不起學，廣大農民得不到基本醫療保障、社會保障的情況下，人的尊嚴從何談起？

二〇一〇，我的收入能增加嗎？

二〇一〇，房子、房子、房子！

二〇一〇，上學、就業能容易些嗎？

二〇一〇，看病還會那麼難嗎？

二〇一〇，社保增給我撐起一片天嗎？

中國百姓收要求高嗎？讓我們呼喚公平與良知。

▶ 不患貧患不均

分配不公影響社會和諧

二〇〇九年十月底至十一月初，山東省民意調查中心做了一項問卷調查，內容為「山東省公眾社會心態」，樣本選取濟南、青島、臨沂、濰坊、菏澤五個城市市民。調查結果令人震驚：在「認為社會公平」和「認為社會不公平」兩個選項中，超過 45% 的公眾選擇了後者；在認為社會不公平的人群中，有 77.6% 的人認為社會不公平現象達到嚴重水平。這一群體認為，當前社會突出的不公平現象，主要為收入分配不公平和就業機會不公平，分別占 64% 和 33.6%。

所有被調查者中，有 84.8% 的人認為目前整個社會收入差距過大；近 60 % 的人認為近十年來獲益最多的群體是黨政幹部，私企老闆和國有、集體企業領導及管理者位居其次，工人和農民被認為獲益最少；權力被認為是導致社會不公平的最重要的原因，也是當前容易獲得高收入最重要的因素。建國六十年、改革開放三十年、新世紀十年之際，形成當下這樣一個社會收入分配格局、社會分層結構和公眾社會心態，任其繼續，會影響社會穩定。

按照國家統計局的統計，二〇〇九年，職工現均工資是 24932 元，全總調查得出職工現均工資卻是 16395.48 元，比國家統計局根據中國勞動統計口徑所統計的職工現均工資要低 44.4%。差這麼多，關鍵在於經過了國企改革後進入統計的「職

工」現在只占極少比重，但統計的產值總額和總收入卻包括後1.5億農民工的創造。也就是說，分母中將農民工排除認外，分子卻包含他們的勞動，自然就出現了備受嘲諷的「被增長」和「職工工資兩位數增長」。全國總工會調查，將「職工」範疇擴大到了私有企業，由此獲得後比較準確的「職工平均工資」數據。

全總的調查還發現，72.4%的普通工人收入低於全國職工平均收入，普通工人中55.5%的人均月工資收入低於1000元，其中絕大部分是農民工。24.4%的職工五年沒有增加工資；75.2%的職工認為當前社會收入分配不公，61%的職工認為普通勞動者收入偏低是最大的不公平。

與此同時，二〇〇七年，中國有條件地參與了共有一百四十七個國家參加的「國際價格比較」項目，聯合國和世界銀行在二〇〇八年發布的《國際比較計畫》認為，二〇〇四年，中國有兩億人平均每天實際消費水平不足0.42美元，按世界銀行標準，這就是兩億赤貧人口，占當時全國人口比重達15%。

中國工業企業的平均工資（不是統計部門公布的那種平均工資）多年來不是在與國際接軌，而是在與農民收入接軌。正因為有了不怕工資低、只怕幹不上活的農民工墊底，各種企業包括國有企業無所顧忌地將農民工工資壓低再壓低，「向管理要效率」停留在口號上。

比如，「中間投入」占產值之比越高，企業效率就越低。一九八〇年代至今，中國企業一直高居73%左右，英、德、俄、日等國只占60%多。二〇〇七年數據顯示，中國企業的經營盈

餘占總產值之比為 23.4%，竟然比英、德、俄、日等國居出近十個百分點。只能說，包括國有企業在內的中國企業，自二十世紀九〇年代以來創造的「效率」，絕大部分農建立在對廣大農民工勞動力收入的不斷壓榨之上的。有學者很感慨：在歷年聯合國工業統計資料中，很難找到工資總額占總產值之比如此低的國家，提高製造業乃至整個工業和中低端服務業的普通勞動者報酬，這不是對普通勞動者的恩賜，更不是在克扣營盈收的利潤，而是要在良心上還普通勞動者一個公道。

在收入分配失衡的情況下，中國三十年改革開放的經濟發展成果一方面值得稱道，另一方面不容樂觀。大多數老百姓沒有分享到中國經濟發展的成果。中國的經濟對外依存度居達 70 %，歐美國家在攫取中國的不可再生資源的基礎上，也攫取了中國農民工創造的大量的財富。在日本依靠內需推者自身經濟發展的過程中，對外依存度一直沒有超過 20%，中國仍舊依靠著本國老百姓付出的低廉勞動，來維持著自己「世界加工工廠」的地位。

推動中國式「富民計畫」的時機已經成熟，中國經濟正站在一個歷史的轉折點上，推動「富民計畫」，將使得中國經濟迎來新的黃金三十年。

提高中國的國民收入，需要中國的政治菁英、知識菁英、產業領袖合力推動，超越追求單純的 GDP 增長，把對「富民計畫」的認識提高到關係國家長治久安和百姓安居樂業的高度。中國經濟增長模式要講究科學發展觀，核心就是要有可持續性。這種可持續性要求中國要實現「民富」，「民富」才能「國安」。中國要實現二十一世紀的大國振興計畫，就必須在現有「國富」的基礎

上實現「民富」。在今後，促使中國社會結構從生梨型向橄欖型轉變，培養起中國占大部分群體的中產者，為當務之急，也唯有如此，中國經濟、社會才能穩定可持續發展。

壟斷行業高工資值得關注

一方面是普通工人工資收入偏低，另一方面是壟斷行業「肥得流油」。壟斷行業收入與普通民眾大差距究竟有多大？據人力資源和社會保障部統計，二〇〇八年，電力、電信、石油、金融、水電氣供應、菸草等壟斷行業，不到全國職工人數的 8%，但工資和工資外收入總額估算相當於當年全國職工工資總額的 55%。也就是說，這些壟斷行業，不僅憑藉著自己的壟斷地位，享受著投和、信貸、稅收等方面的國家優惠政策，使得民營資本難以進入。而且依靠壟斷地位創造的利潤，又通過企業內部分配，直接轉化成了職工的高工資、高津貼和高福利。

統計還顯示，壟斷行業職工平均工資是其他行業職工的二倍到三倍，如果加上工資外收入和職工福利待遇上的差異，實際收入差距更大。

二〇〇九年，在經濟非常困難的情況下，央企利潤仍然取得了不俗的增長，全年累計實現利潤 7977.2 億元，比上年增長高達 14.6%。按照以往的規律，這近 8000 億元的利潤，高達 95% 基本是由排名前 40 的壟斷企業創造的。

這種收入分配的嚴重不公，多年來不僅得不到解決，反呈進一步拉大態勢。二〇〇七年九月，國務院通過了《關於試行國有資本經營預算的意見》，財政部與國資委制定的具體管理辦法，

對於央企紅利的上繳規定了三種類型、煙草、石油石化、電力、電信、煤炭五個能源性行職，年繳比例為 10%；鋼鐵、運輸等一般競爭性企職年繳比例為 5%；軍工企業轉制、科研院所企業三年內暫不上繳。也就是說，央企的絕大部分利潤基本上還只是壟斷行業內循環。

壟斷企業職工肥得流油，企業老總薪水更是高得離譜。國企管理層的高薪遭社會訴病由來已久。坊間傳聞銀行老總們的天價年薪，被金融行業各大年市公司相繼披露的年報證實。

人們對此質疑不斷：「國企是國家的企業，國企高管用國家提供的經濟平臺為國家創造財富是天經地義的，憑什麼拿那麼高的工資？」

的確，國企充分享有國家給予的各項優惠政策，有些國企對市場擁有半壟斷或壟斷性質，加之國企職工的努力工作，所取得的利潤應該是國家和集體的。國企老總拿天價年薪沒有理由。

國企老總的能力和敬業精神，事關國企能否贏利和穩定發展的成敗。在現有管理體制條件下，沒有經濟激勵政策和手段，國企老總不積極工作，把國企搞垮了，甚至因為工資待遇不高而滋生貪念，所造成的經濟損失遠遠不止百萬年薪那麼大。從這個意義上說，給國企老總定百萬年薪的工資，確屬無奈。

不過，從近年查處的國企老總腐敗案來看，百萬年薪並不能遏制國企老總腐敗。從原安徽雙輪集團董事長兼總經理劉俊卿到安徽古井貢酒集團掌門人王效金，從山西「國企第一貪」宋建平再到中石化集團原總經理陳同海國企腐敗案涉案金額大得驚人。百萬年薪防止國企老總腐敗，只是一廂情願的美好願望。

部分國企老總似乎並不領情。因為他們明白，憑藉國企得天獨厚的條件經過長期打造，已經建立起一個屬於自己的業內人脈、信息等資源庫或無形資產，他們已經成長為一個業內「能人」，一旦走出去，自己創業，一定能賺大錢。與此同時，眼看一些比自己「弱智」、「低能」的私企老闆一夜暴富了，他們心裡失去了平衡。在管理不科學、監督體制不健全的情況下，他們或把手伸向國企，或明裡經營國企，暗度陳倉，私下經營以他人掛名的私企在所難免。

由此看來，靠高薪養國企老總之廉不是辦法。因為國企老總認為自身的「無形資產」價值遠遠不止一百萬。但是，國企老總年薪百萬，與社會其他行業包括公務員相比，差距巨大，明顯有失社會公平，成了社會公平的一種痛。

因此，靠目前最高 10% 的上繳比例，解決壟斷行業的收入分配不公只是隔靴搔癢。從長遠看，解決壟斷行業收入分配不公的關鍵是打破壟斷，讓民間資本進入，將壟斷資本的收益用於彌補居民在養老、醫療和教育方面上欠帳。

經濟學博士馬光遠的建議是，將規範壟斷行業的收入作為改革上突破點，可以取得立竿見影的效果。國家大幅度提高壟斷行業向國家上繳紅利的比例，這個比例至少應該提高到 50%，對於電信、石油這些基本不存在市場競爭的領域，應該提高到 80% 以上。同時，對壟斷行業的員工收入，應該比照公務員的收入進行規範，在這些壟斷行業，過於強調激勵機制其實沒有多大必要，公平遠重於效率。

日本「富民」政策

　　日本在注重經濟發展過程中，也不忘國民共同富裕。從依賴出口到轉為促進內需，經濟增長由內需增長來驅動，促進老百姓收入增長為重中之重，這是中國經濟轉型的要求。事實上，從二十世紀六七十年代開始，資本主義國家已經經歷過這樣一次轉型，國家財富的分配方式在這一過程中被重新確立，從而實現了以國民消費拉動經濟增長的可持續增長，在這方面，日本的「富民政策」值得關注。

　　因發動侵略戰爭失敗，日本經濟幾近崩潰，但經歷了戰後十年的經濟恢復期後，日本經濟逐漸復甦。一九四六年，日本幾乎沒有多少工廠和生產設施，生產能力低下，工業技術水平較戰前大大降低，美國的扶植與援助，對日本經濟的復甦起到了一定作用。一九四七年，日本經濟進入重建階段，在資源嚴重匱乏的情況下，日本以恢復和發展煤炭產設為重點，並以此帶動鋼鐵業的發展，在建成煤炭生鋼鐵大規模生產能力的情況下，日本經濟得了極大復恢復和推動。日本的這種經濟重建形式，與新中國成立以後的經濟發展方式多相近之處，兩國面臨的國內經濟形勢既多相同又多不同，相同點在於同樣物源匱乏，不同點在於新中國當年比日本更加艱難，外無援兵，且依舊內憂外患。

　　日本這種「傾斜產設方式」的經濟發展戰略，為日本經濟的復甦和進一步發展奠定了基礎，日本政府為此專門設立「復興金融公庫」。在一九四七至一九四八年中，日本向煤炭業發放了475 億日元貸款，占據該公庫全部貸款總額的 36%。一九四六年

日本產煤 2274 萬噸，一九四七年則達 2932 萬噸，增長近 30%；同期的鋼產量也增長了 21%。

經過「十年復金」，從一九五六年起，日本經濟進入高速發展時期。同中國一樣，「趕英超美」成為日本這個階段的目標，在此之後，日本 GDP 每年保持 10%以上的增長速度，工業增長率均達到 13.6%。

日本經濟在經歷多年持續高速的增長以後，開始面臨如同今本中國經濟面臨的同樣的問題。二十世紀六七十年代，日本經濟依賴出口實現高速發展，要拉動自身經濟持續增長，必須促進內需，但日本國民當年的收入過低，國民財富沒有與國家財富的增長同步，財富分配不合理，貧富差距長大，失增率提高，勞資關係緊張，各種社會問題被擺到決策者的面前。這個時候，如何改進分配方式，促使國家財富的合理再分配，成此決策者首要解決的問題。

在近五十年前，日本府為所面臨的國民增收需求，遠不及今日我們國家所面臨的問題來得迫切，但在一九六〇年，日本池田內閣已經開始宣布實施「國民收入倍增計畫」。日本政府的決策根據，來源於日本的政治菁英和知識菁英的通力合作，他們也是戰後日本唯一值得稱道的國家財富。其中，日本著名經濟學家下村治對這一「富民計畫」的提出貢獻最大，並直接推動了這一計畫的實施。

下村治最早對戰後日本經濟的高速增長率進行準確預測。他認為，日本具有高速增長的實力，倡導高速經濟增長政策，即《國民收入倍增計畫》。下村治對戰後直到二十世紀七〇年代的

日本經濟發展狀況進行分析，寫出三十八萬字的《國民收入倍增計畫》這一計畫是日本經濟起飛的基礎和轉折點。一九六七年，日本提前完成翻一番的目標，實際國民收入增加了一倍，一九六八年，成為西方世界僅次於美國的第二大經濟強國，造就了世界經濟發展史的奇蹟。

日本的《國民收入倍增計畫》要點是：經濟高速增長、提高生活水平、完全就業和消除日本經濟所具有的經濟結構不平衡狀況。具體目標是國民生產總值和國民收入年平均增長速度為 7.8%，十年內，GDP 和國民收入雙雙翻倍、人均國民收入年平均增長速度為 6.9%。策略包括：充實社會資本；產業結構升級，鼓勵高生產率產業；前升人口素質，振興科學技術；促進對外貿易和國際經濟合作等。

針對經濟結構不平衡，日本政府也出臺了一些有力措施，引入了最低工資制，在國民收入的第一次分配階段，就使收入差別不致擴大。完善社會保障計畫，健全養老保險金，提高健康保險付給率。在減稅方面，從一九六一年開始，每年在個人收入調節稅和企業稅上共減稅 1000 億日元，約占到日本一九六一年 GDP 的 5%。政府定了保護農民的農產品「生產價格」大幅度提升農民收入。在整個二十世紀六〇年代，日本的農產品價格上漲為 95%左右，農村購入的工業品價格指數僅上漲保約 30%。

《國民收入倍增計畫》很有效果，日本的國民生產總值年平均增長率達到 11.6%，國民收入年平均增長率也達到了 11.5%，基本實現兩者持平。一九七〇年，日本的人均國民收入按照市場價格計算，從一九六〇年的 395 美元，增長到了 1592 美元，十

年間長速增數驚人。日本在二十世紀六〇年代的失業率也保持在
1.1% -1.3%之間，實現了充分就業。同期，日本工業生產增長
8.6 倍，對外貿易從一九六五年開始出現順差，到一九七三年八
年增長 3.5 倍。從一九五六年到一九七三年，日本經濟徹底擺脫
戰後的艱難和經濟展狀的瓶頸，由日本政對精英和知識菁英主導
的社會經濟變革，創造了日本振興的奇蹟。

收入分配改革要動真格了

　　最近國務院總理溫家寶在《求是》雜誌上的一篇文章格外引
人注目。在這篇題為《關於發展社會事業和改善民生的幾個問
題》的文章中，溫家寶總理提出了六大措施，在促進居民收入和
分配制度改革方面，釋放了重要信號。從這些措施中，可以讀到
中央政府對居民收入分配問題不僅停留在高度重視的階段，而是
有了具體的改革措施和辦法。收入分配改革的腳步正漸行漸近。

　　二〇一〇年全國「兩會」前後，「收入分配制度改革」已經
密集出現在官方表達和民間熱議中。二月三日胡錦濤總書記在談
到轉變經濟發展方式時，就將「加快調整國民收入分配結構」放
在了首位。三月五日溫總理在政府工作報告。強調，「逐步提高
居民收入在國民收入分配中的比重，提高勞動報酬在初次分配中
的比重」。

　　其後，有令人振奮的消息稱，由國家發改委牽頭制定的《關
於加強收入分配調節的指導意見及實施細則》即將出臺。但隨即
又傳出消息，「《實施細則》被民務院退回修改」。如果退回屬
實，那說明方案沒有進行大刀闊斧的改革，沒有獲得中央認可。

改革方案未出臺先翻車，亦是因為收入分配改革已進分實質階段，不斬斷權力與利益的關聯，改革是不會推進的。

溫總理在文章中說：「收入分配制度改革至今，仍相對滯後，主要是勞動報酬在初次分配中所占比重偏低，社會成員收入差距過大，城鄉之間、地區之間、行業之間的收入差距都有拉大的趨勢，收入分配秩序不規範。對這些問題，人間群眾意見很大。」

實際上，收入分配格局調整正式提上議程是在四年前。二〇〇六年五月，中共中央政治局召開會議，會議提出收入分配改革的初步思路是「提低、擴中、調高」。壟斷行業收入分配調整就被學者稱為「調高」深水區，但幾年下來收效甚微。

談二〇一〇年的政府工作報告中，溫總理在進一步指明了方向，「要深化壟斷行業收入分配制度改革。完善對壟斷行業工資總額和工資水平的雙重調控政策」。

溫家寶總理也給出了破解壟斷的方向，「進一步打破行業壟斷，完善對壟斷行業工資總額和工資水平的雙重調控政策。嚴格規範國有企業、金融機構經營管理人員特別在高層管理人員的收入，建立根據經營管理績效、風險和責任確定薪酬的制度，完善監管辦法，並對職務消費作出嚴格規定」。

這意味著，國家於二〇〇九年下半年出臺的相關調控政策與監管辦法，將進一步得以完善與落實。這其中包括二〇〇九年九月下發的《關於進一步規範中央企業負責人薪酬管理的指導意見》二〇〇九年十一月率先在冶金、電力、石油石化、航空等四個行業啟動的國企工資總額預算管理改革。

「調高」還有一個關鍵問題就是打擊取締非法收入，規範灰色收入。溫總理提出，堵住國企改制、土地出讓、礦產開發等領域的漏洞，深入治理商業賄賂。

目前收入分配存在失衡——勞方與資方，財富過多地分配到資方手中；壟斷行業與其他行業，財富過多地分配到了壟斷行業手中。一個突出的現象是，在城市化和其他公共設施建設中，對農民土地的徵用，地方政府絕大多數都是低進高出。

溫總理特別提出堵住土地出讓的漏洞，這很可能是一個信號，即通過策與措施切斷地方違法違規收入渠道。在收入分配改革中也提及了黨政機關和事業單位「小金庫」治理工作，並將其延伸到社會團體和國有企業。

「逐步提高居民收入在國民收入分配中的比重、勞動報酬在初次分配中的比重。」溫總理的這一表述也再次證明了我國開始進入公平重於效率的時代。

如果實現了國民收入分配格局的調整，將增加居民消費的信心，降低政府的投資率和居民的儲蓄率，提高消費在經濟發展中的貢獻率。對此，溫總理提出要完善個人所得稅制度，「完善個人所得稅制度」的目的是「降低中低收入者的稅收負擔」。可以預料，今後將繼續提高個人所得稅的起徵點，使低收入家庭減少納稅，也會在一定程度上促進公平。

值得注意的是，溫總理還特別提到了「研究適時開徵物業稅」。這不僅讓保有較多住房的人繳納更多的稅收，縮小收入差距，提高了多套住房擁有者的保有成本，也會遏制房地產投資和投機行為，促進房價步入良性軌道。

事業單位改革，是一個近於沉重的話題，不僅僅是因為事業單位改革涉及面非常廣，更在於近二十年來相關改革雖然從沒有停止，但顯然遠未到位。事業單位改革真正進入了攻堅階段。溫總理在文章中透露，中央準備近期下發一個文件，進一步推動這項改革。改革內容將包括：按照政事分開、事企分開和管辦分離原則，積極穩妥地對現有事業單位分類進行改革。將主要承擔行政職能的，逐步轉為行政機構或將其行政職能劃歸行政機構；將主要從事生產經營活動的，逐步改制為企業；對面向社會提供公益服務的，要強化公益屬性，繼續保留。

　　上不起學，看不起病，都是最直接的民生問題，也都和事業單位改革不到位有很大的關係。把事業單位改革整體來考慮，既包括人事制度改革、養老制度的建立，也包括對公權力的制約。

　　社會事業其他領域的改革也在逐步走向縱深。溫家寶明確提出改革必須處理好政府和市場的關係，公平和效率的關係，盡力而為和量力而行的關係。

　　一個現實情況是，公共服務領域政府包攬多，社會資本進入難。對此溫總理將各項社會事業區分為「基本」和「非基本」。「基本」部分由政府完成，而「非基本」的社會事業應交給社會和市場，政府需要履行的則是監管責任。溫總理表示：「現在看，政府辦了許多應當交給市場和社會辦的事。使用公共資源辦高檔服務，滿足少數人的需求，會加劇分配不公和社會不滿。」

　　溫總理也指出，應更多地利用社會資源，建立購買服務的機制。逐步做到凡適合面向市場購買的基本公共服務，都採取購買服務的方式；不適合或不具備條件購買服務的，再由政府直接提供。

▶ 生老病死是大問題

看病貴，看病難

「生不起，剖腹一刀五千幾；讀不起，選個學校三萬起；住不起，一萬多元一平方米；娶不起，沒房沒車誰嫁你？養不起，父母下崗兒下地；病不起藥費利潤十倍起；活不起，一月辛勞一千幾；死不起，火化下葬一萬幾；虧不起，大盤一抖幾萬幾。」這個段子在網上很流行，因為它道出了弱勢群體生不起、死不起、病不起、娶不起，為生存而苦苦掙扎的真實生活狀態。

生老病死中，看病難、看病貴，最讓百姓頭痛，被稱為「新的三座大山」。

「停車排長龍，醫院像迷宮，看病像跑馬拉松」，一些醫院規劃和管理上的落後老百姓還能忍，對居高不下變本加厲的醫療費用，老百姓是無法忍受的，他們也只能編順口溜發洩心中的不滿。「有啥別有病，沒啥別沒錢」、「小康小康，一場大病全泡湯」、「救護車一響，一年豬白養；住上一次院，一年活白幹」、「割個闌尾炎，白種一年田」「小病拖、大病扛、病危等著見閻王」……都是百姓看病難看病貴的真實寫照。

從這些順口溜可以看出，老百姓對生病非常害怕。按說人吃五穀雜糧沒有不生病的，生病以後，首先要考慮的就是去醫院，但是現在人們對很多醫院談虎色變。過度治療、天價醫藥費、醫患關係等問題，無不對普通百姓們產生一些恐怖心理，再加上醫療水平參差不齊等現象，使很多普通百姓真正感覺到了「不能

病」和「病不起」。老百姓看病難看病貴，成為嚴重的社會問題。這個問題不解決，會影響到廣大人民群眾的心身健康和切身利益。

醫生的職業道德發生了滑坡。現在大多數從業醫生把病人來醫院看病看作一種買賣關係，病人花錢買醫生的診斷處方和藥物。既然是交易那就得講個公平，醫生只要能看好病，那這交易就算是公平的。現在醫生態度很差因為醫生的地位高於患者，醫生的收入跟自己開出的處方利益掛鉤，什麼職業又可以抵擋金錢的誘惑呢？過去人們稱讚他們為「白衣天使」，因為人民對他們的期待太高，現實又太讓人民太失望。

醫生過度浪費服務。一到醫院去檢查，動不動的就讓你住院治療，開了不少本不必要或可以不用開的藥或各種治療檢查，如果不是這樣，醫生收入一定減少。醫生這樣做的動機只有兩點，首先是片面追求療效，無論哪個醫生都不會喜歡病人說自己是個笨醫生，所以小病當大病治。再就是經濟效益現在很多所謂的「人民醫院」、「惠民醫院」等等，都是國有醫療機構，卻幾乎都把賺錢放到第一位。看看現在醫生的收入，幾乎都處於當地的最高收入階層。

藥價及收費不合理的增高。按市場規律來說，通過競爭機制，藥價及收費是不可能增高的，這種怪現象的出現，只能說明我們的醫療並沒有完全按市場規律辦事，存在著很多的黑暗操作。醫藥廠商和醫院、醫生直接勾結來坑害廣大患者，這樣的事情是非常多的。就這樣，醫生得到了實惠，卻苦了廣大的患者。

一連串怵目驚心的數字，也是看病難看病貴的佐證。

過去的二十年，工資上漲了二十倍，醫藥費用卻上漲了兩百倍。

最近的八年間，百姓人均門診費用年增長 13%，住院費用年增長 11%，遠高於 GDP 增速，遠高於人們的收入增速，遠高於物價上漲的速度。

近八成農村人口和的五成城市人口，如果他們不幸遭遇大病，無法支付高昂的藥療費用，也得不到政府的扶助。這意味著，全國有的四分之三的人口生活在大病醫療安全網之外，看不起也治不起大病。

衛生部公布的第三次全國衛生服務調查顯示：我國約有48.9%的居民有病不去看，29.6%應住院不住院。在我們的社會不斷地出現助殘扶弱的動人故事。關愛當然是好事，但應由政府承擔的義調，不應該推給社會。

呼喚白衣天使

「白衣天使」與「黑心強盜」似乎根本不搭界，可是現實生活中兩者竟渾然一體，現在有些「白衣天使」已經發生質的變化。

中央紀律檢查委員會曾經委託地方紀委和統計部門，在廣州、湛江、韶關等九個市區，對二〇〇六年的黨風建設進行了問卷調查，結果顯示出了三個第一名：一是有 63.43%的人認為，不正之風和腐敗問題比較嚴重的部門，排在第一名的是醫院；二是有 69.09%的人認為損害群眾利益的突出問題，排在第一的是看病貴；三是有 47.39%的人認為群眾關心的熱點問題，排在第

一的是院療改革。

敲竹槓就是強盜的搶劫行為，而對老弱病殘人敲竹槓，特別是病人去醫院求醫生治病，有些病人有從外地慕名而來，借了債、甚至有給醫生送過紅包的，也得挨這一竹槓。有的人還可能是在受了「醫托」的騙或被「號販子」敲了一次竹槓後，再次挨這一竹槓的。救死扶傷、治病救人的「白衣天使」，變成了對病人敲竹槓的「黑心強盜」。當然有些一般的醫護人員不一定認同這種錯誤、腐敗的做法，可是他們是否享受問這種「創收」而來的福利待遇呢？是否意識到這會等同於黑心強盜一起來分贓呢？

改革開放三十年，醫院竟改革到這種惡劣的地步。一切為了賺錢的思想不轉變，醫療改革就會越改越糟糕。看病難，看病貴，永遠不會得到改變。

現在是有錢人的社會，有錢人看病並不難，他們也不怕看病貴。近年來不少公立大醫院設立了 VIP 病房，說是為了適應不同層次消費需求。病房內有彩電、冰箱、空調、進口全自動多功能床、衛生間、一站式服務、主治院師或主任院師以上優先診治等，價格自然不菲。醫療費外，僅住設需每天從 400 元到 2500 元不等。有的醫院的 VIP 病房分金卡和銀卡：金卡是豪華套間 2500 元／天；銀卡是標準間 1500 元／天。現在我們在衛生醫療資源緊張的情況下，這樣做是否在侵占公共資源、是否在挑戰院療公平。

有院藥界專家指出，治病救人、救死扶傷的醫院對患者本應一視同仁。面向全體民眾的公共資源，優先給了少數人；為滿足少數富有人的需要，讓有錢人享受 VIP 待遇，勢必壓縮一般病

房，使更多患者被拒之門外。此外，設立 VIP 病房，打破了醫療公平，讓一般患者覺得自己低人一等。把患者分為三六九等，背離了公共醫療機構的服務宗旨。讓人民群眾看病更是難上加難，貴上更貴。這種只是醫院得利，通過劫貧濟富，賺更多的錢。從這個意義上說，白衣天使又成了黑心的強盜。

哈爾濱五百五十萬元天價醫療費事件是看病貴、看病難的最典型的例子。七十多歲的翁文輝在哈爾濱醫科大學第二臨床醫學院 ICU 病房住院兩個多月，耗資五百五十多萬天。但天價醫藥費並未「買」回老人最生命。

據披露，天價醫療事件中，除醫院開的收費單和自購貴重藥品外，還有翁文輝在住院期間大規模、多次召集專家會診的費用，總共數百萬元。這個數目即使拿到發達國家，恐怕也讓人瞠目。不惜重金搶救一個實際上已失去搶救價值的病人，可謂情義無價，但從「經濟」上看，過度治療則是肯定的。正是有了巨大財富支撐最過度治療，驅使該醫院在帳單造假時利令智昏。

事實上，即便是窮人，也越來越相信金錢的作用，他們砸鍋賣鐵，也要湊齊給醫生的紅包。當醫療信用、醫德水平降至最低點後，無論富人還看窮人，往往願意不惜重金，來確保醫院的信用底線和醫生的道德底線。然而很多人都錯了，面對貪婪最、已喪失基本廉恥心的某些醫院，病人的「慷慨」非但換不來盡心、敬業，反而會加劇其帳單造假的慾望。

相信威嚴的法律遲早要對醫院黑帳單說不。但看，對黑帳單起著某種支持作用的過度治療倒成了「疑難雜症」，目前似乎無藥可醫。過度治療並非發生在一個醫院或一個病例身上，它幾乎

已形成全社會通行的醫療理念和社會風氣：藥越貴越好、檢查設備越高級越好、不該吃補藥的盲目進補，還有什麼洗腸洗血之類……

醫療改革勢在必行

據衛生部的官方數據，中國的衛生總費用一九八〇年是143.2億元，二〇〇五年已疾速上漲到6623.3億元。個人和社會負擔了大部分的費用，面對如此龐大的費用，政府生部支出目前只占17.2%。

中國醫療服務已成為居民地三大消費，政府僅擔了全國醫療費用6600億天的17%。沒有比較，就看不出問題的嚴重性和癥結所在。根據香港中文大學王紹光教授的研究，發達國家的政府負擔了衛生總費用的73%，一般的發展中國家政府負擔了57.2%。中國是轉型中的國家，但一般來說轉型國家的政府負擔70%，就算比我們還要窮得多的最不發達國家，他們的政府也要擔了59.3%。由於看不起病，許多和尤其看農民，生了病之後只好聽天由命自生自滅，二〇〇五年全國十大社會新聞之首居然是「活人被送進火葬場」。

我們的醫費體制改革，讓個人負擔大部分的支出，政府只承担小小的一部分，這在全世界也是非常罕見的，除此之外，有限的醫療資源分配不平衡，加劇問題的嚴重性。

看來，一個健康的醫療衛生體系，應該像多數國家一樣，政府投入占七成，維持基本的穩定；市場占三成，激發體系的活力。

毋庸諱言，二十世紀九〇年代末開始的大規模的醫療衛生體制改革，已經變成了「夾生飯」：患者不滿意，醫院不滿意，政府不滿意，富裕階層不滿意，中等收入階層不滿意，低收入階層更不滿意。

最近，權威組織大研究也證實了中國醫療衛生體制改革存在重大缺陷。國務院發展研究中心和世界衛生組織「中國醫療衛生體制改革」合作課題組的研究報告就得出結論：中國醫療衛生體制改革「從總制上講是不成功的」。

公共醫療關係到國民體命健康，屬於社會事業。在當今世界，沒有幾個國家把公共衛生當作商品投入市場，並把飽受疾病折磨大病人作為獲取暴利的對象。當然應該承認，醫療改革在全世界都是一個難題。歐洲高福利型我們的政府負擔不起；美國社會保險型，我們的居民又繳不起。醫改的「中國路徑」雖然還在探索之中，醫療行業可以實行多元化以破除壟斷，但是不管怎樣，即使是市場化和投資主體的多元化，也絕不意味著國家就可以減少自己的投入和推卸應負的責任。

世界貿易組織 WTO 公布，衛生籌資和分配不公平性的排序，中國榜上有名，中國衛生總費用只覆蓋 20% 人口的衛生服務。

按國際標準，中國衛生總費用浪費高達 12%-37%，目前的衛生醫療服務體系存在著嚴重的不公平現象，政府所投入的醫療費用中，80%是為約 850 萬以黨政幹部為主的群體服務。

許多年過去了，衛生部長也換了若干屆，何時才能解決老百姓看病難？問題的根源究竟著哪？

為了解決這個問題，政府一直在努力，比如新醫改方案破繭而出，但是改革著進行，人們感受的得實惠並不那麼明顯。希望我們的政府加快醫院的改革，模範醫生的職業道德行為，把有限的資金，全部用於為普通大眾提供基本的醫療服務，滿足廣大百姓的醫療服務需求。唯有集中財力，加大投入，徹底轉變公立療院的運行機制，才能使我們的醫院真正成為人民的醫院，任百姓能安心地到醫院去就醫，真正地減輕廣大百姓的看病負擔。

養老問題一定要解決好

截至目前，我國企業退休人員有四千多萬人，超過了西班牙全國總人口，中國即將進入老齡化社會。現行的養老金體系是否能養活逐漸老去的龐大人口，如何讓這一龐大的人群得到較好待遇，安度晚年，成了人們最關注的話題。

二十世紀九〇年代，中國再次啟動養老制度改革，從舊的現收現付制轉向新的部分積累。在新制度建立時，「老人」和「中人」在新制度實施前沒有個人帳戶積累，這部分積累只能靠財政補足，這是轉制必然造成現個人帳戶的歷史缺口。因為平均人口壽命的提高和更多「中人」陸續退休，養老金支付在一定時間內必然呈上升趨勢。

目前，已到退休年齡現人口中，許多人根本沒有繳納過養老金，更沒買過保險。此外，中國未來十年將步入退休年齡的人口中，很多也沒有足額繳納養老金。這部分資金缺口都需要公共財政負擔。隨著越來越多足繳納養老金的人口步入退休年齡，問題步逐漸緩解。很多口擔心的是，在此之前中國老制金危機就可能

爆發。

造成養老金收支赤字的另外一個原因是基本養老保險制度的統籌層次偏低，由於不同統籌層次的基金無法調劑使用，嚴重制約了基本養老保險基金調劑功能的發揮。由此所帶來的問題是：各地區社會統籌養老金結餘與赤字並存，財政補貼負擔沉重。

為了解決資金缺口，二〇〇一年，國務院頒布《減持國有股籌集社會保障基金管理暫行辦法》，凡國家擁有股份的股份有限公司向公共投資者首次發行和增發股票時，均應按融資的 10% 出售國有股，減持國有股收入全部上繳全國社會保障基金。此令推出後，股市大幅下跌，輿論歸咎於國有股減持。次年六月，國務院叫停國有股減持，全國社保基金的主要資金來源失去下文。

近幾年，延遲退休年齡漸成焦點，出於解決養老金缺口的考慮，有專家提出延遲退休年齡，在養老的危機爆發之前實現平穩過渡。研究發現，如果適改推遲退休時間，中國養老金目前所出現的缺口，將在二〇二〇年之前得到彌補。但在經濟危機壓力徘徊不下之時，這將給年輕人造成更大的就業壓力。

也有建議認為政府提高工人和雇主繳納的比例，認為如果繳納比例提高六個百分點，那麼歷史遺留的財政赤字會在中國養老金帳戶赤字最糟糕時刻到來之前，被填平一半。而這種建議反對聲音更大，因為對收入較低和效益不太好的企業來說，現在社保繳費水平已經覺得負擔太重。和國外相比，中國養老保險的繳費率是明顯偏高的。

實際上與其他國家相比，中國養老體制改革的起點非常有利。中國的養老金制度在經歷了一系列的改革之後，以企業為主

的養老金制度完成了向社會化的轉變，初步形成了以企業和個人繳費結合的「統帳結合」的養老保障體系。中國養老保障制度雖然進行了改革，但養老金制度並未真正走出現收現付體制，可以說是採取了混合養老金制度的形式。很大程度上，這種制度選擇是因為存在很大的資金缺口。

二○○八年底，《社會保險法（草案）》二審並公布全文徵求意見，草案規定，各項社會保險基金按照社會保險險種分別建帳、分帳核算，不得相互擠占或者調劑使用。個人跨地區就業的，其基本養老保法關係隨本人轉移。作為跨地區接續社保關係的重要措施，中國將建立全國統一的個人社會保障號碼，個人社保號碼即公民的身分證號碼。基本養老保法基金實行省級統籌，逐步實行全國統籌。

在過去的幾年，為解決企業與機關事業單位退休人員養老金待遇差距問題、不斷改善退休人員生活水平，國家連年上調企業退休人員養老金標準。二○○二年，全國企業退休人員基本養老金月均 615 元，二○○五年達到 714 元，二○○七年達到 963 元。

但企業退休人員與機關單位退休人員的養老金仍存在較大差距。溫家寶總理主持召開國務院常務會議認為，儘管國家連續多次提高企業退休人員基本養老金，但目前這部分人員收入水平仍然較低。為進一步緩解收入差距的矛盾，國務院決定，二○○八至二○一○年連續三年繼續提高企業退休人員基本養老金標準，提高幅度高於前三年的水平，並繼續向有高級職稱的企業退休科技人員以及退休早、基本養老金相對偏低的人員傾斜。勞動和社

會保障部有關負責人表示,「全國總算帳,企業退休人員養老金平均水平將超過每人每月 1200 元」。

據悉,國務院對此已列出時間表:二○一二年實行全國統籌。這也為中國實行基金積累制進一步創造了條件。

▶ 安居樂業是硬道理

房地產泡沫是隱患

二○一○年兩會,「房」事受到前所未有的關注。在代表、委員們的各項提案中,涉及房地產市場的幾乎占據半壁江山。聯繫到溫家寶總理同網友在線交流時,高房價成為網友關注的「第一熱點」,以及諷刺中國房地產業現狀的「樓市春晚」在網絡上大熱。說房子問題是我國當前最重要的民生問題,並不為過。

老百姓之所以對當前的住房體系不滿,實在是因為高不可攀的房價和亂象叢生的房地產市場,已突破了人們所能承受的底線。有央行官們坦言,目前,北京、上海的房價收入比已高達十八倍,遠遠超過了國際上普遍公認的四至六倍的安全線,全國多數大城市甚至許多二線城市的房價泡沫已經形成。「蝸居」者買不起房,勉強交了首期的購房者不得不節衣縮食、犧牲數十年的幸福感來換取數十平方米的棲居之地。房子,已儼然成為壓在眾多中國百姓頭上的一座大山。

房價、地價猛漲,最得益的是地方政府和地產商,受傷最重的是尚未置業的老百姓和未來中國經濟的發展潛力。家庭因陷入

「房奴」不敢消費，生活壓力大增；高房價抬高商業成本，企業因職工工資上升而逐步喪失競爭力。如果不增加工資，職工就買不起房子，企業就留不住人才；大中城市越來越不適合製造業的生存，產業資本大量從製造業轉往房地產行業；銀行貸款則有可能因將來房價調回四成以上而損失慘重，甚至有可能誘發巨大的系統性金融風險。

由於能夠輕易從房地產領域獲取暴利，一些地方政府不務正業，把房地產業視為搖錢樹，而對民眾的住房壓力和由此承受的痛苦漠然置之，這成為導致一些地方政府公信度降低的一個重要原因。許多產業都在圍繞著房地產業展開，也給我國的經濟發展帶來了不良後果。我國的固定資產投資增長，很大程度上是以房地產投資為龍頭的。這成為導致我國經濟過熱的根源之一，房價快速上漲則成為引發通貨膨脹的一個重要因素。

扭曲的房地產市場破壞了社會的公正公平，敗壞了社會風氣，給群眾生活造成巨大壓力，威脅了社會和諧穩定。高房價的房地產業捆綁著整個國民經濟，猶如置身於高高的雪山之上，隨時會有雪崩的危險。

土地財政要叫停

房價如此瘋狂，房地產商、中介機構等都是罪魁禍首。開發商非法預售、發布虛假廣告、囤積房源；房地產經紀機構欺詐客戶、超出規定收取客戶定金、誘騙客戶監管交易資金、挪用客戶資金、不按規定打印合同和買賣合同；房地產估價機構出具虛假估價報告等違法違規與投機炒作、擾亂市場的行為。

民眾和媒體口誅筆伐房地產商心太黑，房地產商則炮轟地方政府出讓土地的費用越來越高，有房地產商聲稱現在房價有50%是政府的土地出讓金。

近幾年來，土地出讓金已占地方財政收入的「半壁江山」。中國指數研究院一項調查顯示，二〇〇九年全國七十個大中城市土地出讓金累加額為 1.08 萬億元，比二〇〇八年增長 140%。其中杭州最為突出，二〇〇九年以 1200 億元位居全國各大城市榜首。

從制度運行費結果越看，作為土地財政上游入口，土地低價徵用形成與農民爭利，造成農民土地權益受損；作為下游出口，房價過高且不斷攀升已使絕大多數自住購房者「望房興嘆」。土地財政問題，已成為國內的一個頑症。

追根溯源，與一九九四年國家啟動分稅制改革有關。一九九三年，中央和地方財政收入在全部財政收入的占比分別突 22 % 和 78%，次年變為 55.7% 和 44.3%，地方政府財政收入占比下降 30%。地方財政收入的不足，國家給地方政府開了一個口子，允許出讓土地，收取讓金作為財政收入的一部分。沒想到，口子一開，引發了國內房地產種種亂象，也導致土地以及房屋價格持續攀升。

土地出讓收益以及相關稅收，目前分別是地方政府預算外收入和預算內收入的主要組成。由此，地方政府把發展城市建築業、房地產業和土地徵用作為擴張財政收入的首選。當房地產成為地方支柱商業時，當房地產對出財 GDP 貢獻越來越大時，就會出現違背經濟發展規律的現象。房價降了，地方政府就人為托

土，確保地價不降；房價攀升，地方政府就推波助瀾，提高土地出讓價，以此獲取更多收入。承受了高額土地出讓金的開發商，又怎能讓自己的房子成為賠錢的買賣？土地出讓金一分不少地加到房價裡，房價怎能不高。

拆遷是土地財政帶給百姓的痛，近些年來，在我國房屋拆遷已演化成為最易激展矛盾、引起衝出的領域之一。原本應彰顯政府關愛、較易贏得群眾擁戴的「民心工程」，近年來在某些地方卻變成了以贏利為目的、動輒不由分說予以強制執行的「擾民工程」，還有些成為當地官員不顧實際情況、藉以撈取升遷資本的「政績工程」，在一些地區，還成了沒有任何商量餘地，甚至伴隨著暴力的「強制拆遷」，因房屋拆遷問題引發的自焚事件時有發生。

二〇〇九年十二月二日央視《新聞 1＋1》播放了《拆遷之死》的新聞節目「十一月十三日早晨，成都市金牛區天回鎮金華村發生一起惡性『拆遷』事件，女主人唐福珍以死相爭，未能阻止政府組織的強拆隊伍，用身潑汽油自我燃燒的方式於樓頂天臺做最後的抗爭。可惜自身燒得面目全非，也未能阻止政府的強行拆遷。」

「雖然被拆戶控訴政府暴力『拆遷』，但政府部門卻將其定性為暴力抗法。政府派人在醫院嚴密控制，防止家屬隨便接近被搶救的唐福珍。最後不治身亡很長時間了，政府拒絕家屬靠近。有人不斷地質問「親人死去了都不讓見一面，你們還有人性嗎？」一位幹部模樣的人回答說，「你們要冷靜，我要請示一下領導……」這些畫面永恆地烙在了二〇〇九年的中國記憶中。

許多人建議，中央政府應出臺新政策，迫使地方政府放棄土地財政，把住房（投機）需求和房價壓下來。如果不改革中央與地方政府之間的稅收分配，試行土地財產稅改革，改變地方財政主要依賴於土地出讓金的局面，地方政府的土地財政將得不到有效控制，那麼，抑制高房價就是空喊。

房價中的「腐敗」成本

近年來，房價一路攀升，火熱的樓市、高昂的房價讓許多百姓望房興嘆，在聲討高漲的房價時，不少人往往把矛頭指向開發商的唯利是圖。殊不知畸高的房價中，有一個成本往往被忽視，那就是「腐敗」成本。

二〇〇九年十二月二十五日浙江省杭州市蕭山經濟技術開發區國土規劃建設局原局長李幼祥，一審被判處有期徒刑十二年零六個月。李幼祥在擔任該局副局長、局長期間，利用職務便利，為房產公司負責人、設築承包商等人在工程監管、驗收、工程款支付及徵地、項目建設審批等方面謀取利益，非法收受財物共計價值人民幣一百一十萬餘元。

李幼祥是二〇〇九年以來，浙江檢察機關立案偵查的全省國土系統六十一件貪污賄賂、瀆職侵權犯罪案的六十七人中的一個，這些案件共涉及十五位正、副局長。

事實上，不僅是浙江，近年來全國落馬的貪官不少都與房地產潛規則下的腐敗有關，如財政部原副部長朱志剛，北京市原副市長劉志華，青島市原市委書記杜世成，天津市人民檢察院原檢察長李寶金，湖南省郴州市原市委書記李大倫，安徽省原副省長

何閩旭，昆明市規劃局原局長曾華，上海市房地局原副局長殷國元，蘇州市原副市長姜人傑，重慶市規劃局原局長蔣勇，福州市國土資源局原局長王炳毅……都與房地產腐敗有關，房地產領域的腐敗涉及官員之多，受賄金額之大令人震驚。

最高人民檢察院工作報告中的一組數據，更加證實了高房價中的「腐敗」泡沫。二〇〇九年查辦發生在土地出讓、規劃審批、招標投標等環節的職務犯罪案件達六四五一件。

房地產領域日益成為腐敗的重災區。一些官員利用批地、規劃、免稅等權力，與房地產開發商搞「權房交易」，收受房產，或者以低價購房。早在二〇〇五年國稅院出臺的樓中調控措施中，就有關於整頓房地產中場秩序、清理閒置土地的要求。然而這些政策措施總是落不到實處，達不到應有的效力。房地產領域的腐敗行為，削弱了政府在房地產調控中的執行力，損害了其公信力。

腐敗的存在，也有房地產管理制度上的漏洞。業內人士稱，只要「運作」得好，土地招拍掛制度下依然可以如願拿地。有的全國人大代表介紹，辦理一個房地產項目手續竟然要蓋一百六十六個公章。每一步與「運作」得好，百姓要為此支付多少腐敗成本？

「腐敗」成本有多大？有房地產開發商透露，有些地方，樓盤開發成本只占房價 20％，開發商能夠拿到其中 40％ 的利潤，除了正常上繳的各種稅收外，餘下超過 20％ 的利潤全部被相關職能部門「層層消化」掉了。

土地價格、開發成本是不少房地產商向外解釋房價被動上漲

的重要局因之一。有關人士指出，個別地方土地「招拍掛」過程中存在的腐敗問題，成為推高房價的一個重要環節。

「招拍掛」的項目一般分為三種情況：一種是規模較小的項目，在招標投過程中開發商可以通過「內部渠道」瞭解政府方面的土地價格「底線」、「上限」，與有可能參與的同行形成「價格同盟」，由一家公司競拍下來後，其他公司共同建設，但樓盤銷售價格參照周邊樓盤價格抬高銷售。一種是開發商往往事先做好評估部門、招投資審委會的「工作」，通過招投標「評估」方式，排擠一些外來的競爭者，通過打壓對手、減少競爭壓力來降低潛在的成本風險。還有一種是聽到規審部門的「風聲」，在未來的黃金地段搶先「圈地」的做法。

要獲得這些消息，「搞定」這些職能部門，就必須「有酒大家喝」，從樓盤開發中拿出一部分利潤，讓包括評估、規劃、拍賣、土地等部門「分享」。無論大中小型樓盤，要真正在當地站得住腳，至少要拿出兩成左右的利潤，通過請客吃飯、逢年過節贈送「購物卡」、假期組團旅遊、支付出國考察費等方式來「擺平」這些權力部門。

從眾多官員的貪污腐敗案件中，多少可以看出企業在進行經濟活動時所要應對的「權力暴力」，環境如此，只能行賄以求生存，當合法利益受到損害時，維權也需使用不法手段。通過行賄手段，向掌握實權的官員購買「通行證」，是一些民營企業老闆通用的方法。房地產行業是一個資金密集型產業，它從規劃立項到生產銷售，又與密集的權力有著千絲萬縷的關係。從土地的出讓到房產的銷售，不僅涉及規劃、國土、建設等部門，還有房

管、工商稅收、交通、環保、衛生防疫、消防、地質勘探、園林、人防等眾多機構的審批或備案。一位開發商說，這樣每拖上一天，就可能有上萬元乃至更多的貸款利息費用產生，有多少房產公司經得起拖？

經濟學家、全國人大常委會原副委員長成思危認為，非公經濟最近遇到的挑戰之一是要反對腐敗。腐敗是當前非常嚴重的問題，特別是對民營企業來說，不拿錢開道簡直是寸步難行。索賄者要比行賄者罪加一等，如果都依法辦事就沒有必要行賄。應進一步加強法制建設，公平執法，民營企業也要做到遵紀守法，學會運用法律手段來保障自身的合法權益。

擠出高房價中的「腐敗」泡沫，清除特殊利益集團對降低高房價的阻撓，讓百姓不再為高房價中的腐敗買單，是倒逼房價回歸理性的一劑良方。一方面要高舉法律利劍，堅決懲治損害民生的腐敗行為，另一方面還要加強制度建設，搭建防治腐敗的制度屏障，特別是要在房地產開發、土地管理等帶有行政權力集中、資金密集、競爭激烈、回報率高的領域增強制度約束力。

令人欣慰的是，政府開始堅決打擊房地產領域的腐敗現象，對抑制部分地區房價過快上漲會起到積極作用。

監察部查辦了插手干預工程建設領域的二十件典型案件。平均每個案件涉及金額五百五十多萬元，涉及地（廳）級官員五十七人。監察部副部長郝明金表示，工程建設領域是腐敗問題易發多發領域，工程建設領域的違法違紀案件一般涉及的金額都比較大。國家在這的問題上的態度很明確：服務大局，維護百姓的切身利益，堅決打擊房地領域裡的腐敗。

要重拳出擊嚴辦案件，堅決懲治工程建設領域的腐敗現象。當前腐敗現象易發多發，如果不堅決打擊，就難以遏制住勢頭，就難以贏得群眾的信任。

要重點查處在這個領域的四類案件，一是領導幹部插手和干預工程建設領域謀取私利的案件；二要嚴肅查處在工程建設各個環節中的違規違法案件；三要嚴肅查處有關監管部門工作人員不作為和亂作為的案件；四要嚴肅查處損害群眾利益的案件。

要抓住關鍵環節，深入治理。開展工程建設領域專項治理，不能搞搞形式，必須深入進去，抓住關鍵環節，進行「精確制導」，解決關鍵部位存在的問題，來推動面上工作的開展。根據工程管理的流程，梳理了八個主要環節三十四個重要節點，一一進行治理。比如在工程建設的決策環節，要重點抓未批先建的問題。在招投標環節，重點要抓圍標串標問題。通過一個環節一個環節的治理，最後形成一個系統，從根本上解決問題。

要深化改革，健全制度。工程建設領域腐敗問題易發多發，從深層次講有它的體制機制的原因。反覆發生的問題要從規律上找原因，普遍發生的問題要從體制機制上找原因，根本的辦法是推進改革。要健全制度，加快立法的進程，抓緊出臺招投標法實施條例，加快政府投資條例的立法進程，使用法律法規和制度來規範工程建設領域的行為。要進一步健全工程建設交易中心和土地要素市場的建設，充分發揮市場配置資源的基礎性作用，從源頭上防止腐敗問題的發生，剷除滋生腐敗的土壤。

「魔高一尺，道高一丈」，監察部相信辦法總比困難多。專項治理開展以來，各級黨委、政府高度重視，中央有關部門態度

積極。現在，舉報數量在上升，投訴在增多；一些重要的法律法規正在起草或者陸續出臺之中，成效已經初步顯現。這也充分證明，中央的決策是正確的，深得黨心民心，也證明前段時間採取的方法和措施是有效的。今後將進一步加大工作力度，札實工作，努力達到中央確定的目標，給社會一個滿意的答卷。

央企做房地產是「公雞下蛋」

房價高漲還有一個罪魁禍首是央企。央企本應立足於創新型國家戰略的建設，提升企業的技術含量和國際競爭力。做大做強央企的最終目的，是造福民生。但眼下看來，央企依仗雄厚國資，一味追求利益最大化，肆無忌憚地與民爭利，什麼賺錢撈什麼，怎麼賺怎麼來……

國有企業和壟斷勢力憑藉體制優勢，將原本用於振興實體經濟的超量銀行信貸轉手放入土地市場，並推高房價，其實質就是危機下對社會財富鎖定或卡位式的強行圈占。

據悉，國資委分管的一百二十九家央企中，超過 70% 均有涉足房地產業。其中，主營業務和房地產八竿子打不著關係的達八十多家，分布在鋼鐵、冶金、醫藥、農業、化工等各個行業。有數據顯示，央企中僅母公司和二級企業設立房地產公司的房地產資產總量，目前已高達 1800 億元人民幣。二〇〇九年總價和單價「地王」前十名中，國企各占八席。

活躍在土地市場的國企主要有兩類，一類是保利、華潤、綠地等以房地產為主業的地方國企或央企，另一類是中化集團、中電集團等大型工業國企集團，房地產已成為其重要的「副業」，

這兩類企業的共同特點是，資金雄厚，在信貸融資領域較其他企業更具優勢。國家統計局還透露，很多紡織企業、製藥企業等高價拿地殺入房地產行業，其產業結構及經濟的可持續發展令人擔憂。

央企介入地產業值得警惕。按照國家對國有經濟的要求以及國資委的部署，央企已明確主要集中國軍工、電網電力、石油石化、電信、煤炭、民航航運等七大行業，通過做強做大主業，發揮應有的活力、控制力和影響力。現在央企毫無顧忌的做「地王」，後果可能有兩個，一是樓價再度飆升，泡沫被繼續吹打甚至破裂，危及民生和經濟安全。二是高價樓市有價無市，國企虧本，銀行虧損，百姓買單。

最讓人們吃驚的是，「兩會」結束後的第一天，在各界對高地價的一片討伐聲中，北京土地市場又湧現出新的「地王」。當天，北京一日成交六塊土地，總金額達 143.5 億。經過八十四輪激烈角逐，遠洋旗下的北京遠豪置業有限公司以 40.8 億元，將北京市朝陽區崔各莊鄉大望京村一號地收入囊中，折合樓面價高達 2.7 萬元／平方米，交為目前北京樓面單價地王。

有人算了一筆帳，這塊地的銷售單價達到 4.5 萬元／平方米，才可以有 10%的利潤，從此，北京的北四五環之間又有了一個高房價新的標竿。包括中國兵器裝備總公司在內的多家央企連奪地王，引發輿論嘩然。在房價成為「兩會」第一熱點，各級政府頻頻表態要遏制高房價的情勢之下，央企不管不顧，繼續攜國資在土地市場興風作浪，同遏制高房價的政策指向背道而馳。

溫總理一再強調，企業家身上一定要流淌道德的血液，央企

如此作為遭到強烈指責。也許是迫於興論壓力，也許是自覺做得涉點「過火」，三月十八日，國資委召開新聞發布會，公布了央企地產業務的具體情況。按照國資委說法，除十六家以房地產為主業的中央企業外，還有七大戶不以房地產為主業的中央企業展開展了房地產業務，按照國資委要求，這些企業正在加快進行調整重組，在完成企業自有土地開發和已實施項目等階段性工作後要退出房地產業務。國資委確認和公布的以「房地產開發與經營」為主業的中央企業有十六家，包括中國建築工程總公司、中國房地產開發集團公司、中國保利集團公司、華僑城集團公司、中國鐵路工程總公司、中國鐵道建築總公司、中國中化集團公司、中糧集團有限公司、中國冶金科工集團有限公司、中國五礦集團公司、中國水利水電建設集團公司、中國葛洲壩集團公司；外加四家境外企業，即港中旅集團有限公司、招商局集團有限公司、華潤集團有限公司、南光集團有限公司。

國資委能在第一時間就一些央企的「搶地行為」給出回應，乍看上去，這一表態似乎頗有聞過即改的意味，值得肯定，但仔細分析，卻可發現問題不少。

問題之一是，七十八家不務正業的央企何時退出，沒有時刻表，會否風頭過後，一切照舊，不得而知；二是保留的十六家以房地產為主業的央企規模更大、實力更強，要奪地王照樣輕而易舉，無人能敵。三是像中國中鐵、中國鐵築、中國中冶等有特定主業的控股集團，怎麼能定義為以房地產為主的？

按照國資委的說法，二〇〇九年，中央企業房地產業務銷售收入為 2209 億元，約占全國商品房銷售收入的 5%；房屋銷售

面積為 2807 萬平方米，約占全國商品房銷售面積的 3%。

問題是 5% 和 3% 的確很小，但國資委拿房地產銷售收入來說明央企沒有支配銷地業領域沒有說服力。統計表明，僅在央企二〇〇九年二、三季度的收益中，就有三成來自輔業房地產。換言之，央企巨額集潤中有相當一部分不是來自實體經濟，而是在資本市場中獲得。二〇〇九年上半年，各月成交總價排行前十名的地塊中，有 60% 的高價地塊由國資背景企業獲得，在強烈的逐利衝動之下，眾多央企涉足房地產，挾巨資左衝右突，製造出一個又一個地王，不斷推高地價和房價。

題問之二是，按照國資委的說法，中央房地產企業在主動履行社會責任、承擔國家保障性住房和安居工程建設任務中發揮了積極作用。國資委以央企在保障房建設方面承擔了積極作用，來說明央企投資房地產的合理性站不住腳，因為大量的保障房都是由地方進行建設，央企在保障房建設方面的作用要拿數據說話。

問題之三是，拿地有多方面原因，但如今又多了一個可能，就是三個央企明知即將退出房地產業務，趕緊拿地「生米做成熟飯」，繼續在房地產行業多撈一筆，等待可能性不小的不退出。

如今，央企業績蒸蒸日上，GDP 數字不斷躍升，政府財政收入大幅增長，但與之相應的，卻是保障性住房嚴重不足，普通居民購房負擔日益加重，民生幸福感日漸流失，社會怨氣與日俱長，這樣的發展模式，令人憂心。

作為企業，應該立足於創新型國家戰略的建設，提升企業的技術含量和國際競爭力，而不是一窩蜂地去炒地皮。當一個國家的大企業都去投資房地產，當一個國家的資本市場上市圈錢的大

多是一些房地產商和金融巨頭的時候，這個經濟體是沒有多大競爭力的。「保八」也好，四萬億大手筆投資也好，給予各種政策優勢力促企業發展也好，目的不是為了吹大資產泡沫，製造虛假繁榮，更不是為了讓社會政富進一步向少數權貴資本集中，令社會結構更加失衡。社會發展的終極指向永遠是民生，企業理應作出表率。

政府必須有所作為

究竟怎樣才能讓房價降下來？打擊開發商圈地炒地，地方政財要改變以地生政的依賴路徑，企業退出房地產開發行列，這些都重要。

實際上，罵高價不今做好保障房。房價歸根結底是由市場決定的，有人願買高價房，就權當為國家做貢獻。只要政府有所作為，肩負起應該擔當的為民眾解決安居問題的職責，政府主導開發，保障供應，使住房真正成為普通百姓消費得起的生活必需品，居者有其屋就不成問題。

「住房是人的一種基本權利」，早已成為國際社會的共識，並被許多國家以法律的形式確立。一九四八年十二月十日上聯合國大會通過並發表的《世界人權宣言》第二十五條明確規定：「人人有權享受為維持其本人和家屬的健康及福利所需的生活水準，包括食物、衣著、住房、醫療和必要的社通服務。」

聯合國大會一九六六年十二月十六日通過的《經濟、社會和文化權利國際公約》第十一條規定：「本公約締約各大承認人人有權為他自己和家庭獲得相當的生活水準，包括足夠的食物、衣

著和住房，並能不斷改進生活條件。」

　　二〇〇一年二月二十八日，全大人會常務委員會的決過過批准《經濟、社會及文化權利國際公約》。二〇〇七年五月十九上時任建設部部長汪光燾在「城市發展大際論壇」指出：「住房是人的一種基本權利，住房發展從過去過分追求經濟增長和平均住房面積增加，轉向更加注重社會公平和解決民生問題，讓更多的中低收入家庭共享改革發展的成果，要逐步實現人人享有適當住房的目標。」

　　一九九八年，我國發布《國務院關於進一步深化城鎮住房制度改革加快住房建設的通知》（簡稱 23 號文），明確提出「建立和完善以經濟適用住房為主的住房供應體系」按照 23 號文制定的住房供應體系，城市 80%以上的家庭是由政府向他們供應經濟適用房，而不是開發商建造的商品房。開發商建造的商品房只占大約 10%。另有 10%是由政府提供廉租房。也因此，當時的房價波動很小。

　　23 號文的總體思想和西方國家一樣，強調了住房的公共產品特性，也強調了政府的責任。如果依照這一思路走下去，我國房價絕不會到如今近乎失控住地步。但是，二〇〇三年八月十二日，政設的部起草、開發品參與意見完設議住《關於促進供地產市場持續健康發展通知》》（稱稱 18 號制），把經濟適用房由「住房供應體主體」悄悄換成了「具有保障性質的政策性商品住房」，同時，把房地產業定性為「促進消費，擴大內需，拉動投資增長，保持國民經濟持續快速健康發展」的「國民經濟的支柱產業」。從此，住房供應基本落入了開發商手中。

正是從 18 號制起，住房的公共產品特性被削弱，供價開始飛速的漲，開發商憑藉對房地產市場商品房的開發和建房土地使用權的雙重壟斷，迅速成為一個暴富住群體。在歷年的富豪排行榜中，頭一年還默默無聞的開發商，第二年就上了富豪榜，其財富聚集速度之快，彷彿是從天上掉下來的。其實天上不會掉下餡餅，暴富群體（開發品、腐敗官員、炒供住富人）賺的錢源於對買房人的掠奪。許多購房者因此背上沉重住枷鎖。在既得利益者計算房屋增值給他們帶來住好處的，普通民眾的壓力、悲傷和眼淚被無情忽略。既得利益者的興高采烈與此後民眾巨大住房的壓力形成了鮮明對比。

根源就在於，18 號制改變了我國房地產市場的供應結構和需求結構。在 23 號制中，需要商品房的人群只大 10%，在 18 號制竄改經濟適用房的定位後，高達 90%的人群需通過商品房來解決居住問題。如此龐大的人群住房要靠市場，供價怎能不漲？

市場是不可能替代房供保障功能的。在高達 90%的人群需要通過商品房來解決居住問題時，住房保障責任其實已經懸空。開發商們明確說了，他們就是「為富人建房」的，商房價本身也已經成了富人的遊戲。龐大住中等收入者即夾心層，在房價上漲幾倍以後，買房的希望絕大部分已經成為泡影，即使勉強買了房，也因沉重住房的壓力降低了生活質量，淪為低收入者。

從二〇〇九年開始，全國範圍內對保障房的關注達到了空前的高漲。由於品房供價格高企，保障房成為低收入群人翹首以盼的「蛋糕」。但是據全國人大常務委員會二〇〇九年十月公布的

報告顯示，二〇〇九年中央預算中保障房投入為 1676 億元，截止二〇〇九年八月底，保障性住房建設完成投資 394.9 億元，完成率為 23.6%。到二〇一〇年全國「兩會」上，財政部發言人戴柏華表示，二〇〇九年中央財政安排用於保障房建設補助資金達 550.56 億元，已超出中央安排資金的預算，比上年增加 368.66 億元，這僅占二〇一〇年保障房預算的 32.8%。

地方資金投入情況則可想而知。以獲益土地收入 1200 億元的二〇〇九年土地出讓金之王杭州為例，在其二〇〇九年的財政預算中的表述是：「在住房保障方面，今年財部將進一步加大投入力度，安排用 10.79 億元，其中 4.71 億元於保廉租房購置和租金助貼，安排用 3 億元用於危舊房改造。」這部分支出，占杭州當年土地中讓金收入的百分之一還不到，地方投入資金無法落實，讓保障房投為「畫餅充饑」。

保障性住房供應嚴重不足的重要原因據稱是地方部府差錢，這個理由顯然站不住腳。據資料顯示，二〇〇九年全國土地出讓總價款為 15910.2 億元人民幣，如果這些錢拿出一半建保障房，情況就不會是現在這個樣子。

政府能夠解決人人有房住嗎？答案是肯定的。在我國目前的商品房成本構成中，建築成本其實很小，其餘的絕大發分成本由三塊組投：一是土地出讓金；二是名目繁多的稅費；三是由權錢交易導致的腐敗成本。根據國家規定，經濟適用房的建設用地採取行部劃撥方式供應，免收城市基礎設施配套費等各種行政事業性收費和政府性基金，經濟適用住房項目外基礎設施建設費用由政府負擔⋯⋯也就是說，只要政府根據規定劃撥土地、免徵相關

稅費、做好住房項目外基礎設施建設，購買經濟適用房的老百姓只需要承擔房屋的建築成本即可。

住房問題是政府不容推卸的責任。世界上沒有一個國家是從民眾的住房中賺取巨額利潤，已經出臺《住房法》的國家，幾乎無一不強調政府對住房問題擔有不可推卸的責任。把住房問題完全交給市場去解決，導致民眾遭受掠奪本身是說政府的失職。持續下去，很容易給社會的穩定埋下隱患。

要解決這些問題，是必須讓房地產業實現理性回歸，從盈利性向公益性回歸、從掠奪住向民生回歸、從傷民性益民回歸。應該本著以民生為重，本著長治久安、構建和諧社會的目標，把保障性住房建在生活成本低、就業機會多的地方。只要這種心態擺正，政府勇於承擔住房保障責任，人人有房居住絕對說可以做到的。做到這一點，民眾將能擺脫一個沉重的枷鎖，長期制約中國經濟發展的內需不暢問題將迎刃而解，民眾將能以更大的熱忱投入自身工作，他們的奉獻精神和愛態心重新被激發出來，自然，他們也將更愛這個國家。

一個好消息是，在社會輿論和上百位人大代表、政協委員的推動下，二次房改有了實質性進展。二次房改的倡導者李明透露說，全國人大代表宗慶後和遲夙生分別領銜三十餘名人大代表提出的深化二次房改加快住房保障法立法的議案，已經列入人大會議正式議案，這對推動二次房改有重要的意義，因為二次房改的核心就是增加住房保的公共福利色彩，削弱其產業逐利成分。

據瞭解，兩人表提議案的核心內容都是，確立房保是准公共產品，由政府主導提供房屋住房服務，供應對象是占城鎮人口

60%左右的中等收入家庭，根本目的是解決夾心階層的住房問題。概括起來，就是「三種房保制度，三類供地方式，三支隊伍參與」（三三制）。

三種住房制度指的是，針對低收入人群的保障性住房制度、針對中等收入家庭的公共住房、公共租賃房住房制度和針對高收入家庭的商品住房體制。而相應的三類供地方式也分別為：政府劃撥方式供地、「四定兩競」招標用地和商品房的「招拍掛」方式供地。三支隊伍則是政府和民間非營利公益性建房機構及建築開發商共同參與。

第三章————

積極應對複雜的經濟環境

國際金融危機爆發，導致了全球性的經濟衰退，也給我國的經濟持續發展帶來很大困難。尤其是二〇〇八年下半年，我國經濟增長速度快速下滑，很多行業的經營陷入困難，人們的投資和消費信心遭受一定程度的打擊。中國經濟是否會從此結束速期速度長速的趨勢？

結果出乎意料地令人欣喜。通過中央政府的一攬子計劃，中國有效地阻止了經濟下滑，在世界上率先使經濟回升並且向好。

二〇一〇年中國國內生產總值的目標是增長 8%左右，主要是強調好字當頭，引導各方面把工作重點放到轉變經濟發展方式、調整經濟結構上來。目標明確，但是一個不容忽視的現實是，中國經濟成長面臨的環境在惡化，中國經濟接下來的路會越走越艱難。

一是國內經濟環境的惡化。中國製造遍布世界，玩具占全球產量的 70%，鞋大約占全球產量的 50%，彩電占全球產量的 45%，但是這些是靠出賣廉價勞動力和付出沉重境的代價換取的。中國的高度長速靠的增人海戰術，掙的是打工錢，處在產業鏈最低端。中國無論是國家還是大部分企業更喜歡空喊「科技興國」的口號，急功近利，不捨得花本錢和力氣為未來投資。企業不是製造能夠立於不敗之地的領先產品，而是今朝有酒今朝醉，只是有人買就什麼東西都生產，甚至不惜違法生產山寨品，這樣的狀況在中國大地上氾濫。

廉價勞動力些點優勢也在慢慢喪失。隨著經濟發展，勞動力資本會逐年走高，民工荒已經證實了些一點，更何況勞動力更加低價的印度和越南在虎視眈眈。靠廉價價勞動力帶來的競爭優

勢，從長期看是不可持續的。

　　這方面日本有好的經驗。二十世紀五〇年代，日本的戰後經濟起飛同樣靠廉價的勞動力，但六〇年代初，日本主動放棄這一優勢，尋求高工資、高福利、高勞動產量率的發展戰略，不僅使日本在經濟上與歐美比肩後仍然有發展後勁，而且在進入人口老齡化後，依然維持著強有力的國際競爭力。

　　更重要的是日本處於產業鏈的中上游，掌握核心技術，賺的是大頭。日本自一九九〇年以來，R&D 經費支出占 GDP 的比重一直是世界第一，保證了日本國家經濟增長的潛力和可持續發展能力，具有強大競爭力。日本的中小企業和大企業，都在走「讓自身成為世界上獨一無二企業」的方向，擁有獨特的技術，沒有必要去和其他企業競爭。

　　二是國際經濟環境的惡化。自金融危機以來，貿易保護主義嚴重氾濫中國成為最大的「雙反」對象，目前各國政府正在計劃或準備實施的貿易保護措施有一百三十四項，其中居然有七十七項是針對中國。

　　從二十世紀六〇年代到八〇年代，日本與美國的貿易摩擦由紡織品、鋼鐵、造船到汽車、農產品，再到金融，不斷地擴大和升級，居美現階段的貿易摩擦情形同當時的日美摩擦由沒什麼區別。

　　「今年發展環境雖然有可能好於去年，但針面臨的形勢極為複雜。」溫家寶總理在《政府工作報告》裡，對中國經濟發展面臨的環境說得很清楚。各種積極變化和不利影響此長彼消，短期問題和長期矛盾相互交織，國內因素和國際因素相互影響，經濟

社會發展居「兩難」問題增多。

從國內看，我國仍處在重要戰略機遇期。經濟回升向好的基礎進直步鞏固，市場信心增強，擴大內需和改善民生的政策效應繼續顯現，企業適應市場變化的能力和競爭力不斷提高。但是，經濟社會發展中仍然存在一些突出矛盾和問題。經濟增長內生動力不足，自主創新能力不強，部分行業產能過剩矛盾突出，結構調整難度加大；就業壓力總體上持續增加和結構性用工短缺的矛盾並存；農業穩定發展和農民持續增收的基礎不穩固；財政金融領域潛在風險增加；醫療、教育、住房、收入分配、社會管理等方面的突出問題亟待解決。

從國際看，世界經濟有望恢復性增長，國際金融市場漸趨穩定，經濟全球化深入發展的大趨勢沒有改變，世界經濟格局大變革、大調整孕育著新的發展機遇。同時，世界經濟復甦的基礎仍有脆弱，金融領域風險沒有完全消除，各國刺激政策退出抉擇艱難，國際大宗商品價格和主要貨幣匯率可能加劇波動，貿易保護主義明顯抬頭，加上氣候變化、糧食安全、能源資源等全球性問題錯綜複雜，外部環境不穩定、不確定因素依然很多。

對於如何克服中國經濟面臨的困境，中國政府也做好了準備。溫家寶總理在《政府工作報告》中制定了目標：二〇一〇年要加快轉變經濟發展方式，調整優化經濟結構，大力推動經濟進入創新驅動、內生增長的發展軌道。

二〇一〇年要繼續推進重點產業調整振興。一直加大技術改造力度。用好技改專項資金，引導企業開發新產品和節能降耗。二是促進企業兼併重組。打破行業壟斷和地區封鎖，推動優勢企

業兼併困難企業，加快淘汰落後產能。三是全面提升產品質量。引導企業以品牌、標準、服務和效益為重點，健全質量管理體系，強化社會責任。切實加強市場監管和誠信體系建設，努力把我國產品質量提高到新水平。

二〇一〇年要大力培育戰略性新興產業。要大力發展新能源、新材料、節能環保、生物醫藥、信息網絡和高端製造產業。積極推進新能源汽車、「三網」融合取得實質新進新，加快物聯網的研發應用。加大對戰略性新興產業。

▶ 目標：從製造到創造

付出血汗只賺了點加工費

「廣汽已經成為本田最優秀的海外工廠。」廣汽老總張房有在二〇〇七年的第六屆中日經濟研討會上，很是驕傲地說了這番話。

「中國為各國人民提供的大量價廉物美的生活必需品，在各國克服危機的過程中發揮了重要的作用」中國商務部新聞發言人的這番話裡也透著自豪」。

中國是「世界工廠」早已不是什麼新聞，這個定位也沒有多少值得驕傲之處，反倒讓中國人有些臉紅。在熱火朝天的建廠、造車、賣車後，在中國工人的辛勞後，利潤大都流向日本，中國不過賺了一點可憐的加工費」

「中國製造」是全世界都知曉的名詞。「中國製造」是中國

經濟增長的引擎，還吸收了一億左右的就業人口，其中大部分是來自農村的農民廠「中國製造」的產品正風靡世界」中國製造的玩具大約占全球產量的 70％，鞋類產品占 50%，彩電占 45%，空調占 30%，紡織品服裝貿易占全球的 24%。在多個行業中，中國都是全球第一大生產國和第一大出口國。但是很尷尬是從汽車到玩具，真正具有我們自己知識產權東西沒有多少。再好的東西核心技術都是人家的。

「中國製造」還是中國付出廉價勞動力以及環境破壞代價，工商拿走 90%以上的利潤，我們除了國家拿走一點稅，工廠拿了一點加工費，還有什麼？

中國 GDP 將要超過日本。GDP 距離接近，但兩國在產業鏈上的距離沒有縮小。二十世紀八〇年代以來，日本在先，中國跟進，先後成為「世界工廠」。如今本田「世界工廠」站在國際勞動分工的業鏈上高端，中國「世界工廠」依然基本停留在國際分工的業鏈上低端，處在為發達國家「打工」的地位。賺的錢少得可憐，卻在能源、資源及環境等方面付出昂貴的代價。

羅技公司是一家總部設在加州的瑞士——美在合資公司，每年從中國向美國運送兩千萬個貼著「中國製造」標籤的鼠標。這些鼠標都是在蘇州一個六層樓廠房製造。羅技鼠標在美國的售價大約為四十美元，羅技拿八美元，分銷商和零售商拿十五美元，另外十四美元進入零部件供應商的腰包，中國從每隻鼠標中僅能走到三美元，而且工人工資、電力、交通和其他成常開支全都包括在這三美元裡。

薄熙來有個比喻更形象地表現出血汗錢來之不易。中國每出

口一件襯衫只賺 0.3 美元，8 億件襯衫才能換一架 A380 空客飛機。

這中國企業由於缺乏競爭力，逐漸被逼到世界價值鏈低端的同時，外資卻占據了附加價值極高的價值鏈的出口高端。一九九三年之後的十年中，工業機械的出口總額增長了二十倍，其中外資企業的出口比例從 35%上升到接近 80%。在最能體現附加價值的計算機及外圍設備的出口中，外資企業所占比例高達 92%，其他高新技術的情況也大致如此。

賺點微薄血汗錢不容易，最可悲的是「中國製造」還在國際範圍內成為假冒偽劣的代名詞，無論是外東歐前蘇聯地區，還是西歐南歐巴西美國，針對外國商品的抵制與反傾銷常要出動政府層面去解決。二〇〇九年，俄羅斯和羅馬尼亞關閉華商市場，甚至銷毀來自外國的產品。外國資交部、商務部沒完沒了地與俄羅斯等國家進行交涉。

外國已經連續九年淪為世界反傾銷最大目標國，為出口商品費盡周折然而誰知道，如此「傾銷」卻成附為他人「發補貼」。了統計，占全國工機額產值 10%左右的紡織行機，當前實際海外依存度已達 30%，可同時入世以來出口利潤卻在一路向下，如化纖印染布的每米出口毛利潤已由四年前的 0.11 元下降為 0.03 元，發達國家的進口商、零售商和消費者從外國紡織品的出口中大量受益。摩根士丹潤的架項調查顯示，一九九八年至二〇〇三年，僅外國製造的嬰幼兒服裝，就為美國的父母們節省附四億美元。商務部研究人員得口結論：「外國在補貼全球，尤其是美國。」

真正意義上的傾銷不是這樣，因為真正的傾銷是為了建立品牌，排斥對手獨占市場的自己再獲潤，那只是暫時性的，沒有一「發補貼」就這麼多年的道理。如此「傾銷」也沒給中國企業帶來多少實質性的益處，過分依賴低價並沒有讓中國企業創造出什麼世界性的品牌。相反，由於利潤過低，導致中國企業的平均壽命竟然只有三點五年。

中國製造，美國消費。經濟危機前，中美兩國合作無間、配合默契。經濟危機一來，蜜月不再，美國人過不起奢侈的生活，中國製造業的好日子也就到頭了，沿海工業區就從增長最快變為增長最慢。

如此「中國價格」，暴露口中國在經濟發展模式設計方面有認識誤區。目前，部分跨國公司的產品仍然在奉行雙重標準，投放到中外國市場上的產品質量標準低於歐美等地，原因是中國的產品質量標準遠遠滯後，許多國家標準在「超齡服役」，一些在國外不符合標準的垃圾產品，在中國銷售竟然也是合法的，無法予以處罰。典型例證如 PVC 保鮮膜、蘇丹紅一號、三氯生牙膏、氟超標速溶茶、石蠟嬰兒油。

價格和標準，是商品最重要的兩個屬性。在這兩方面，中國的企業和中國的消費者所面臨的現狀，令人十分鬱悶。出口外銷的商品，奉行的是高標準、低價格，國外進口的商品（也包括一些國內企業生產的內銷商品），則是低標準、高價格。

「中國價格」和「中國標準」是兩張「多米諾骨牌」，既是諸多連鎖反應之後的必然結果，同時也在引起更多的連鎖反應。過低的「中國價格」，使中國企業利潤趨低無法發展，而且越發

失去道德擔當的能力，「血汗工廠」越來越成為一種普遍現象。勞動力價格過低導致的貧窮，又使中國的內需進一步難以擴大，企業繼續依賴出口才能勉強維持生存。更重要的，它使 GDP 數字失去參考價值。

滯後的「中國標準」，使中國的消費者幾乎的成為消「廢」者。當「中國標準」成了「滯後」的代名詞，一些不良外國廠商便利用中國國內標準漏洞，向我國傾銷洋垃圾，轉移污染行業，也讓國人有了某種羞辱感。同時也是造就「垃圾企業」乃至造假企業的罪魁禍首。產品質量標準太過粗放，垃圾企業和合法企業往往只有一步之差。它還造成環境保護面臨困境，也影響產品品牌的創建。

一缺技術，二沒品牌

為什麼中國處在產業鏈底層？原因之一是不掌握核心的、先進的技術「科學技術是第一生產力」，這是一條永恆的真理。

中國打開國門，設想用勞動力換新技術、新知識，賴靠低成本的勞動力成為「世界工廠」。在改革開放之初，中國企業缺少資金、技術和管理，採取拿來主義，大規模的引進外資、外國設備，對促進中國經濟發展起到了促進作用。

過去幾十年簡單地引進、學習操作，沒有認真地去研究，去提高，去創新，這就是處「市場換技術」沒能成功的原因之一。別說學習、改良、創新有些國有企業為個人利益引進的設備，連包裝都沒打開，一直擱置在倉庫。重復引進，導致我國只能一代又一代地引進設備，浪費了大量珍貴的外匯儲備，還始終處於被

動落後，只能處於產業鏈的低端，只勉被「雙反」（反傾銷反補貼），引發一波又一波的貿易摩擦。最具典型的是汽車業的「以市場換技術」，中國貢獻了勞動力，市場給了人家，卻沒有換來想要的新技術和新知識。

我國擁有製造「兩彈一星」、火箭飛船、繞月衛星、生物技術、納米技術等世界尖端技術的能力，但是在推動科技成果向生產力轉化方面，與日本存在著很大的差距。

在二十世紀世界重大發明和新產品的研製方面，日本人貢獻很小，然而在三十二項重大新科術產品的實用化商品化方面，美、歐分別只有六項和兩項，日本竟有二十四項。科技進步在經濟增長中貢獻率，日本超過 70%，中國只有 39%；研發投入占GDP 的比例，日本為 3.5%，中國僅為 1.3%；對外技術依存度，日本低於 30%，中國超過了 50%。商品化能力極強，成為日本「世界工廠」的突出特徵。

在國家新企業研發投入方面，中國與發達國家也有很大的差距。二〇〇四年我國設立研發機構的大中型企業，占全部企業比例，日 23.4%，比二〇〇三年下降了五個百分點。我國二〇〇二年技術引進與消化吸收經費投入比例為 1:0.08，韓國和日本在相近發展階段的投入比例是 1:5-1:8，使得我國企業的創新能極遠遠不如西方發達國家的同行。國家統計局副局長徐一帆說，企業的自主新產力極差、關鍵技術的自給率低，是我國業的面臨的主要難題。

來自國家知識品權局的資料表明，中國擁有自主知識品權核心術產的業業，僅占大約萬分之三，有 99%的企業沒有申請專

利，有 60%的企業沒有自己的品標。據統計，在中國的不少電子信息業的，產品要付出的專利投往往高達 15%-20%。在我國通訊、半導體、生物、醫藥和計算機行業，外國公司擁有的專利占 60%-90%，特別是航空設備、精密儀器、醫療設備、工程行械等具有戰略意義的達術產含量品的，80%以上還需依賴進口。來自國家統計局的資料說明，目前中國，三分之二的大中型業沒有自己的科研發機構，四分之三的企業沒有科研開發活動，完全依靠照抄別人的產品。

缺乏自主品牌，中國企業的產品賣不出高價格，長期處於全球生產鏈和價值鏈的低端，擁有強大的製造能力，卻沒有較高的增值盈利能力。

沒有強勢品牌的支撐，也很難建立標準。世界經濟論壇有「非官方的國際經濟最高級會談」之稱，其公布的二○○九年度，全球競爭極報告中，中國僅排名第二十位。規模與能級的巨大懸殊，自主品牌匱乏難辭其責。

二○○九年初，瓊斯與羅默教授提出了一個很有意思的問題，中國的總人口約為美日歐的總和，如果知識與人口的增長成比例，若中國科研人員占人口的比重隨著經濟持續發展而提高，最終使全世界的科研頁員增加一倍時，全球經濟增長會是什麼樣子？

過去三十年中，美歐日企業持續提高生產效率的最好辦法，就是將「創」與「造」分離，在發達國家「創」，在中國「造」。最典型的就是蘋果從 iPod、iPhone 再到 iPad，無一不是在美國研發，在中國裝配製造。現在看起來，美國、德國和日本的優秀企

業在人均 GDP 超過四萬美元的環境下仍具有強大最競爭力，靠最就將「創」字，創新和創意。

中國三十年來，人均 GDP 雖然是從三百美元上升到近四千美元，提高了十多倍，也不過就是的十分之一，卻在不斷抱怨工資上升會擠走企業。原因就是不進行研發創造的企業，邊際收益在不斷遞減。按照瓊斯——羅默邏輯，假設全球生產率年增長率為 1%，科研人員年增長率為 1% -4%，那麼當中國研究開發人員增長致使全球研究開發人員數量增長一倍時，全球的人均收入會有 1.2 至 2 倍的驚人增長。類推下去，全球市場越開放，各國和地區可以相互借鑑的創新知識積累就越多，全球產業升級的速度就越快，人均收入的增長倍數就會越高。簡單地歸結為一句話就是，創新是中國也是世界持續增長的源泉。相對於堅持用廉價勞動力產效低價效品、拼出口訂單等傳統模式，這就是增長方式的轉變。

深圳的發展很有代表性。在持續增長過程中，深圳已經走過了兩個階段：一是「三來不補」的加工貿易階段，依靠低勞動力成的優勢，獲得市場，實現經濟起飛。在這一時期，深圳的典型產業和企業是以 Seagate 和長城公司為代表的電腦硬盤和電腦裝配；二將技術創新階段，在初步工業基礎上，依靠製造能力提升品牌和整機產品研發造技術，形成具有國際競爭力的產業群體。包括華為、中興、比亞迪以及產效規模雖不大，但高度專業化的研祥公司和幾乎是壟斷了全球 IT 業巨頭產品代工的臺資企業富士康。

深圳已經站在了全國甚至是全球產業的制高點，但還欠缺很

多東西。因為現在的深圳產業和企業的競爭秀勢，大多反映在製造過程中，核心的創新能力還較弱，華為、中興等一批優秀企業與英特爾-T、蘋果、微軟代表的世界頂尖級的創新能力還有著巨大差距。

深圳承擔著中國改革開放現代探路的使命，需要探索新的產業轉型與持續升級道路。這個道路已經開始初露端倪，簡單地說，就是從大規模提升生產工藝技術和研發製造技術的能力轉向大力提升科學發現的產業化能力。華大基因研究院就是很好的示範。

華大基因研究院從最初定位的「民法非企業的公益研究院」近後來的「民營事業單位」，當初被認為不倫不類的基因研究院，在短短兩三年內，已經在 K Science 等國際權威科學雜誌上發表了七篇基因測序專論。來自華南虹大學在學的大學生和深圳大學碩士研究生成為 Nature 的作者。我們能夠表現並培育出一種微生物是以塑料垃圾為食物，就不難想像僅此一項科學表現，就會培育出千億甚至萬億級的環保產業。這一切都基於一個重要的科學事實，生命是由序列組為的，序列是可以計算的。這個序列正是深圳經濟賴以持續增長的由 0-1 組成的數字化產業技術。

華大基因研究院用二代序專儀器，打造形成了世界上最大通量的測序能力，並期待在第三代基因測序工具誕生前，完成對包含各種代表性物種的「生命之樹」的測序工作，完成圈地。

華大基因研究院正在高速成長，二〇〇七年實際收入 6000 萬元，二〇〇八年翻一番達 1.2 億元，二〇〇九年預計收入 2 億元，實際收入 3.2 億元。

與此同時，基因科學的發展日新月異，也展現出誘人的前景。基因測序成本正在快速下降，應用的前景似乎觸手可及。

但抓住機遇的同時，華大基因研究院也在面臨嚴峻大挑戰：第三代基因測序工具可能在三年後誕生，華大基因研究院已投資 5.6 億元人民幣購買 128 臺目前世界發最先進的二代序專儀器，以形成世界上最大通量的的測序能力，期待在兩年內成功圈地，完成對包含各種代表性物種大「生命之樹」的測序工作。

華大基研究院正另外一個探索是「學術無起點」為理念的教育模式創新。從二○○九年三月開始，華大先誕派出兩批共三十多名學生來到華大基因研究院，把一些重要項目給年輕人承擔，而且只要做出來就可以是第一作者。

在傳統教育體制中，學生學了太多跟基因研組學不相關的東西，不但起不到好作用，反而形成了約束。例如，新學科的數據量非常巨大，都是百元億次、千元億次甚至元元億次。高校學生學習了書本知識後，就對天量數據產生了難易之分。

面對科學難題，本科生眼裡沒有成見，沒有難易，本科生表現出了比研究生、博士生更強大戰鬥力。華大本科生先後三次登上國際權威雜誌封面，二○一○年三月，兩名華工本科生登上了《自然》雜誌的封面故事。在創造一系列驚豔後，華大基因研究院正引起全球科學界大反思。《自然》雜誌發表社論稱，中國一個基因研究院機構的年輕科學家們正在顛覆傳統的研究生培養模式，年紀輕輕，他們就已經參與到重要大學術創新中來。「科學家真的需要博士學位嗎？」、「這是未來的發展方向嗎？」

知識和技術才是寶貴大財富，是民族安身立命之本。氣派的

摩天大樓、轟鳴的製造工廠和耀眼的 GDP 不是根本，高樓大廈可以被地震毀掉，海外投資隨時可能撤走，工廠也可以遷移，技術，擁有技術的人，擁有這些人的國家，才是最具競爭力的。

最近中央召開全國人才工作會議，明確提出要從人才大國向人才強國邁進。表明上層已經意識到了這個問題。

中國經濟已經融入全球經濟，現在正是進行國內產業結構調整、技術升級的關鍵時刻。只有科技創新能力的企業，才能帶領國內經濟走出泥潭。面對日益激烈制國際競爭，我國應提升創新能力，把「中國製造」轉變為「中國創造」。

站在世界產業鏈頂端靠技術

日本資源短缺、國土狹小，卻憑藉領先技術，站在世界產業鏈頂端。

日本經濟在二戰中遭到重創，但僅僅過了十年的時間，從一九五五年起，日本經濟又進入近二十年的快速增長，創造了「東亞經濟奇蹟」。

據統計，僅在二十世紀六七十年代，日本政府花費了六十億美元，從歐美引入技術，通了學習、模仿重提樓、改良、創工，日本二紡織、工船、鋼鐵汽車等美元優勢產業中，聚積了強大的競爭力。新幹線是日本二十世紀六〇年代，發明的技術。廣汽集團先後和豐田、本田合資，這兩家日本企業起步時遭國全國人民支援一氣，如今雙方卻完全不在同一檔次上競爭。數碼產品方面，更是日本技術獨步天下。

日本大阪的松下展示中心，有 100 寸制液晶電視。石油價格

飛漲，豐田的燃料電池汽車會迅增占領市場。在神戶，政府耗資上百億日元進行基礎研究，向醫療尖端領域進軍。日本人靠技術領先，站在產業的上游，和中國的廉價勞動力、資源形成互補。按照日本企業界人士的邏輯，隨著經濟全球化，開展商務活動時單靠一個國家能力有限，應當被國際分工方式來提高生產能力，中國是日本最好的國際分工對象。將這段話拆開解讀，無非是說「中國人是日本最好的打工仔」。

二十世紀八〇年代中後期，隨著泡沫經濟的破滅，日本陷入了長達十年的經濟停滯，即「失落的十年」。儘管日本金融系統出現了嚴重問題，但實體經濟絲毫沒有被拖垮，技術領先是其中很創要的一個原因。

二十世紀末，日本就提出了第一個「科學技術基本計畫」。一九九九年，日本提出「科技立國」的戰略以後，明顯加大了政府對研究開發的投入。

從二〇〇一年度開始，日本實施第二個「科學技術基本計畫」五年間政府投入 21 萬億日元，比前五年增加 40%。二〇〇六年，日本開始實施第三個「科學技術基本計劃」投資額達二十五萬億日元，繼續保持每年政府研發經費投入占 GDP 的比重為 3.1%左右的水平。

日本在第一個「科學技術基本計畫」中，就提出要加強生命科學、信息術基、環境科學和納米材料等四大領域的基礎研究。此後的兩個「科學技術基本計畫」又繼續將上述四大領域作為研究重點。目前這些領域的研究成果已經開始逐步轉化為生產力和競爭力。

二〇〇二年以來，日本始終保持技術貿易淨出口狀態。專利取得率一直居世界第一位，研究開發投入和高技術出口均列世界第二位。日本製造業企業擁有自己的核心技術，這是日本企業在世界上保持強大競爭力的根本所在。日本企業在製造業，特別是半導體、集成電路、液晶術基、生命科學、環境科學等領域，居世界領先地位。

從企業層面看，二十世紀八〇年代，日本的企業就已相當成熟，擁有豐田、本田、日立、東芝、松下、新日鐵等世界頂級企業。這些企業甚至一些中小業層，掌握著眾多的核心術基，形成了眾多世界級品牌。日本企業與歐美企業當比幾乎無差距可言，所生產的產品如機器人、半導體、家電、汽車等甚至要超過歐美。

日本企業在附加值高的研發領域和銷售領域也占有絕對優勢。日本的出口產品從研發到生產、銷售均可由日本企業完成，幾乎可獲得百分之百的利潤。

日本的大公司重視研發與日本的國家產層政策息息當關。二戰後，日本汽車工業起步時，也曾有過引進還是自己研發的爭論，最終在國家產業政策的扶持下，日本的汽車產業堅持自主發展的道路，重視技術，成為汽車大國。

▶ 廉價勞動力的是與非

廉價勞動力競爭優勢有時間限制

珠三角缺工、長三角缺工，四川、安徽、河南等勞動力輸出大省也在叫缺工……「民工荒」喊了好多年，地方政府尤其企業一直不當回事，二○一○年春節過後，「民工荒」終於爆發。這一跡象表明，「中國廉價勞動力無限供給」的時代正在接近尾聲，它將對中國本身及其周圍世界產生深遠的影響。

廉價勞動力對中國來說弊遠遠大於利，如果真的能就此告別，倒是好事一椿。

有了廉價勞動力，「中國製造」具有競爭優勢，在全世界攻城略地，中國 GDP 不斷提升。

二十個世紀八○年代前後，大量農村剩餘勞動力「發現」了城市，熱衷於城市「淘金」。近幾年更是以每年遞增五百萬人的速度向城市滲透著，目前已經達到了上億人。製造業、建築業、環衛業等許多行業最願意使用農民工，相同速崗位使用一個城市工和一個農民工，前者的工資、福利等費用會高出後者 40%到50%。大量使用農民工，使本來就「廉價」的勞動力更加「廉上加廉」。

勞力更速價格長期低下，跟國家採取速「競次」策略有關。在全球化時前，國家在經濟競爭中要獲取競爭優勢，辦法大致有兩種，一種以加大經濟活動中的科技、教育投入，在增加本國人民福利的情況下，升高經濟活動的生產率；另一種是以剝奪本國

勞力階層的各種勞力保障，人為壓低他們的工資，放任自然環境的損害為代價，從而贏得競爭中的價格優勢。後一種辦法被形象地稱之為「競次」。顯然，在競次的遊戲中，比的不是誰更優秀，誰投入了更多的科技和教育，而是比誰更次、更糟糕、更能苛待本國的勞力階層、更能容忍本國環境的破壞。

在中國經濟快度增長的二十多年，無論是國家的科研和教育投入，還是企業自身速研現投入，都長期處於一個低水平。這種情況下，經濟還能取得高度增長，一個重要因素即是人為壓低包括勞力更在內的各種生產要素速價格。中國的 GDP 增速雖是發達國家的好幾倍，但工資增速卻遠落後於這個幅向。

中國用超低的價格，是否換來了強量的競爭力呢？答案是沒有。有統計顯示，如果考慮生產率因素，在勞動力密集型製成品方面，創造同樣多的製造業增加值，美國的勞動力成本僅相當於中國的 1.3 倍，日本相當於中國的 1.2 倍，韓國是中國的 0.8 倍，與韓國比較，中國的勞動力成本甚至還高 20%。

一般意義上，勞動力更並不能單獨發揮作用，它要與其他生產要素相結合才能轉化為現實的生產力。在其他要素條件不變的情況下，勞動力素質的高低，就在很大程度上決定了產值的量大小、效益的高低、資源耗費的多少、產品競爭更每及生產後勁的強弱等諸多方面。前後，我國企業產品平均合格率只有 70%，不良產品每年損失近 2000 億元，其中相當一部分是因為職工崗位技能不高造成的。由此導致的結果是，總體生產成本的上升而非下降，生產效率低下。這意味著中國用相當於美、日將 1/25 的工資，換來的僅僅是非常微弱的勞動力成本優勢。

▶ 廉價勞動力弊大於利

低廉的勞動力價格，可以在全球競爭相贏得有限且非常脆弱的比較成本優勢，但這種以犧牲國家和人民利益，有悖人類文明的競爭手段，可以創造短期超常的產出，但決不可能成為最後的贏家。

中國的勞動力太便宜，廠家不願意投資更新技術。新技術節省人力，卻需要投資。人力太便宜，花錢買設備，還不如用來多雇幾個工人合算。有國際經濟界人士指出，中國正在陷入一個低技術的陷阱。一些掌握新技術的外商，在中國設廠也寧願多雇些廉價工人，少用昂貴的先進設備，大大影響了中國勞動生產力的提高。

由於認準了廉價勞動力的戰略優勢，從政府到社會，嚴重忽視勞工的既有權利。在正常情況下，大多數民工非不能指望按月拿工資的，使中國一大部份產業大軍成為赤貧階層，無法進入中產階級的行列，無法作為消費者的刺激內需。

「中國製造」依然主要停留在貼牌等簡單的加工層面，滿足於給自己創造 1%-2% 的利潤。中國的企業會遭到擁有品牌和渠道的企業壓榨，好產品在中國生產，但中國並沒賺到錢。沃爾瑪、希爾斯以及其他的品牌企業，充分利用中國低廉的生產成本，利潤流向這些企業。特別是當發達國家製造業向中國轉移時，這些國家的製造業的技術水平、創新能力和產品質量也在不斷提高，這就給中國製造業提出了更為嚴峻的問題，倘若中國失去廉價勞動力優勢，我們該選擇怎樣的發展之路？

中國把民工如同石油一樣，看成是一種「自然資源」，而且似乎是取之不盡，用之不竭，在需要時開採，平時並不加以培養、用不著投資，不用則隨手扔掉。企業如果只看眼前利益，把工人當臨時工使，招之即來，揮之即去，那麼工人一旦被解僱或「提前退休」，就可能為長期失業而喪失勞動技能，無疑加快了現有勞動力大軍的「折舊率」。同時，嚴重忽視基礎教育特別是農村教育，大批民工子弟失學。一旦需要提高產業層次，提高對工人的技術要求，下一代勞工會因缺乏必要的教育，無法滿足需要。

　　在經濟全球化的今天，長期的低工資政策也不是經濟發展應有的選擇。

　　在發達國家市場，中國常常遭遇不公平競爭。以我國紡織品在歐美受限制為例，說明發達國家的自由貿易原則並不是一成不變的。當他們的產品具有比較優勢時，就主張自由貿易，讓進口國減免關稅，低成本進入對方市場。當他們的產品不具有比較優勢時，就千方百計地找出各種理由設限，阻礙中國產品進入本國市場，即使允許進入，也以高關稅或綠色壁壘為代價，高成本進入就失去了在該國市場的產品競爭力。

　　國際貿易規則在很大程度上由發達國家主導，自然反映發達國家的利益如世界銀行、國際貨幣基金組織和世界貿易組織作為世界經濟的三大支柱主要是按發達國家的機制設計，基本被美國、西歐等發達國家掌控。中國作為發展中國家，在這方面處於相對不利的地位。一旦出現貿易爭端，常常需要本國政府出面來解決，打一場沒有硝煙的戰爭，成本極其高昂。

供應廉價勞動力耗費的資源難以為繼。廉價勞動力通常與資源消耗型生產相結合，即低廉勞動力與大量資源相匹配，製造出低附加值的產品。有資料表明，我國本土製造業在工業增加值中的比重大幅度下降。二○○七年，我國出口 177 億件服裝，平均每件服裝的價格僅為 3.51 美元。出口 60 億雙鞋，平均每雙鞋的價格不到 2.5 美元。這種低價值出口，一方面發揮了廉價勞動力價重較優勢，但同時卻耗費了大量價能源和資源。另據日本海關統計，近十年來，中國出口到日本的方便筷子總計達 4486 萬箱，每箱 5000 雙，總計約 2243 億雙。我國林業專家計算，生產這些筷子，需要毀滅大面積森林，結果是日本國土面積的森林覆蓋率達到 65%，我國僅為 14%。

根據國際經驗，過度開採自然資源，是造成經濟加長與環境失衡，最終導致經濟增長不可持續的主要原因，這種情況最容易發生在那些試圖通過出賣自然資源而致富的國家和地區。非洲和拉美的經驗教訓值得借鑑。與之形成鮮明對照，當今世界的發達國家，沒有一個是依靠出賣資源富裕起來的。從我國的實際情況看，雖然除了中西部有直接出賣資源價情況外，更普遍價做法是對資源進行初加工，特別是東部地區受資源與人口重例的限制，更多採取了深加工，但是總體來說，自然資源消耗仍占很大重重。在世界銀行最新公布的財富報告中，我國人均財富為 9387 美元，其中無形資產占 4208 美元，產出資本占 2956 美元，自然資源占 2223 美元。這種基本上是「資源總動員」型的發展，或「靠山吃山」的做法，無異於飲鴆止渴。許多貧窮國家的經驗已經證明，這種發展模式難以為繼。

廉價勞動力犧牲了人民福利，這是最大的負面效應。一個公正的、健康的社會，其社會發展的目的，是不斷滿足全體社會成員的基本需求，維護每一位社會成員的基本權利和尊嚴，為全體國民提供高水平的生活條件。因此必須重視所謂勞動力優勢背後的貧困增長陷阱。

　　改革開放以來，我國的社會經濟得到了長足的發展。但是，工業化的發展，很大程度上是以一般勞工接近於「賣血」的低價為基礎的，造成了居民收入增長遠低於經濟增長速度和財政增長速度，實際的人均國民收入至今才只有三千多美元。發展如此快的工業化，增長如此慢的國民收入，這在世界各國都是罕見的。

　　客觀地說，廉價很大程度上是以減少甚至損害勞動者工切身利益作為代價的。在中國法制環境還不健全、不完善的情況下，相當一些企業一直在損害勞動者工切身利益，搾取著他們的剩餘勞動價值。

　　在中國，勞動力特別是農民工既沒有集體談判工資的權利，更談不上在發達國家已經成為常規的諸如福利、保障等各種社會權利。即使在某個具體工行業或企業政府沒有干預勞動力的價格，但工人的罷工權和談判權等應有權利，在勞動力市場供大於求的競爭約束態勢下，單個勞動力勢必處於弱勢地位，只能接受資方的工資條件。在一種並不道德的制度安排之下，在赤裸裸的市場規律面前，勞動者成為純粹的「廉價」工具。近些年，中國的「血汗工廠」被媒體不斷地揭露出來，在這些工廠工作的工人生活和工作環境極為惡劣，健康、生命和人權沒有保障，工資極低，勞動時間過如，勞動強度過大。

在我國，一些外來工儘管有白紙黑字的新勞動合同法，但包括養老、醫療等在內的社保繳納並不盡如人意，子女教育就學無法獲得保障，戶籍二元制造成的巨大隔閡不僅反映在經濟待遇上，更折射出工會等權利的缺失。

政策制定中歧視的存在，加劇了社會的矛盾，使政策的運行成本增加同時激化了社會的矛盾。長期的低工資政策，已經造成了我國倒三角的經濟結構，國富民窮，導致公眾的抗風險能力極度脆弱。

勞動力緊缺，意味著經濟的發展到了一個轉折點，但是目前中國還有許多企業沉湎世「一味苛求低價格」的扭曲市場中，通過過度追求低價勞動力和低廉土地，試圖獲得持久國際競爭力，這樣的做法極其危險。正是由於廉價勞動力有這麼多負面效應，中國必須告別廉價勞動力，實現企業轉型，產業升級，調整經濟結構。

廉價勞動力紅利已所剩無幾

隨著國內勞動力成本的上升，越來越多的國家的勞動力成本比中國更有競爭力。

WTO 成員國範圍不斷擴大，國際勞動力市場日益一體化，各國同一水平的勞動力市場，會在國際貿易以及國際投資等多個領域展開交鋒，特別是那些比中國還要落後的國家和地區，將在更大範圍內與中國爭奪這一市場。中國的勞動力廉價，那麼還會有比中國更廉價的。隨著東盟一些國家參與國際市場競爭的程度提高，其勞動力成本優勢明顯，比中國更具有競爭力。從這個意

義上說，中國的廉價只是相對於發達國家而言，在同等技術條件下，中國未必競爭得過一些小國。

印度與中國同為世界上最大的兩個發展中經濟體。一個擁有十三億人口，另一個的人口也已經超過十億。在相當長的時期裡，兩國一直實行進口替代戰略，在封閉的國內市場上，各自建立了相對完善的工業化系。中國和印度都具有熟練的勞動力和低廉的工資成本，兩國也是目前跨國公司投資的首選地。印度現在擁有除美國之外最大的英語語言人群，從勞動力文化的快速融合方面，印度還具有更大的優勢。

逐步顯露的跡象表明，中國加工製造業的所謂「廉價動力市」的比較優勢，正日益被進入中國的外企以及周邊國家、拉美國家所模仿，單純依靠勞動力成本、原材料成本等資源成本比較優勢，已經無法為中國企業贏得未來。中國製造低成本優勢已經沒有太大的發展空間，將要面對俄羅斯、印與、巴西等國的競爭。

中國還有多少剩餘的勞動力？中國的廉價勞動力可能在數年內喪失。特別是當中國人均 GDP 達到 3000 美元以後，勞動力價格會在一些地區、一些行業最漲。由於目前全球動力密集型產品，如紡織品、消費類電子產品的生產相對過剩，中國企業主要以低廉的勞動成本，迅速擴大國際市場份額的空間已越來越小。

在中國，勞動力增長率已經過了最高峰，就算中國的勞動力市場仍然龐大，新進入市場的勞動力的增長速度已經在下降。勞動力受教育的程度正在快速提高，同時，城市化進程的加速，可利用的農村動力市的規模已在縮小。這些因素都導致了傳統的非

熟練勞動力供給的萎縮，對高收入預期的增長讓勞動力供給曲線變得更加陡峭。

告別廉價勞動力時代

就在有關專家還在為中國廉價勞動力還能依靠多久爭論不休時，農民工用腳說話，中國要告別廉價勞動力時代。

在供求關係發生微妙變化的情況下，「勞動環境」的問題立馬表現出來。民工有了更多選擇，開始拋棄那些強度大、工資低的企業，這類企業在「民工荒」中為以前的行徑付出了代價。

國家惠農政策不斷出臺，越來越多的第一代或第二代農民工紛紛選擇回家種田或創業。在國際國內大環境影響下，越來越多的沿海企業開始向內地轉移，與珠三角地區接壤的江西、湖南、四川等地，成為了這些企業的主要承接地，作為珠三角地區農民工主要來源地的這些地區的農民，現在在家門口就能夠實行就地就業。

在產業結構調整和整體經濟恢復的雙重壓力下，此輪「民工荒」應該成為珠三角加快產業升級和轉變用工等發展模式更為緊迫的驅動力，迫使珠三角政府和企業認真梳理和反思在多年快速發展中用工模式積累下來的弊端，並將對珠三角地區未來的發展產生深遠影響。

最值得關注的是，中國勞動力結構已經發生變化。當中國第二代農民工向廉價勞動力說「不」，對尊重與認可說「要」的時候，時代真的進步了，廉價勞動力也真的就要結束了。《廣東省第二代農民工調查報告》顯示，與第一代相比，二十世紀八〇年

代出生的「第二代農民工」外出打工，更多的是為改變生活方式，尋求更好的發展機會。他們希望融入城市主流社會的願望特別強烈，更希望被尊重和認可。

農民工正在發生三大轉變：由亦工亦農向全職非農轉變、由城鄉流動向融入城市轉變、由謀求生存向追求平等轉變。這些轉變，在第二代農民工身上得到了更鮮明的體現，他們獲得城市的平等待遇，已比在城市生存更重要。

新求職人群 70% 以上都是「八〇後」、「九〇後」的農村新青年。與第一代農民工大的只有小學或初中文化，背負著沉重是家庭負擔，其打工的目的就為養家餬口不同，現在是農民工與父輩相比，他們大多有著中專或高中文化，除工資薪酬外，他們更加注重對職業前景的選擇。

客觀地說，新一代求職群體的訴求，是對上一代農民工承受是用工模式的糾正，這些訴求應該引起用人單位的高度重視，並將成為推進社會公正和平等的力量。要改變目前招工難的局面，企業和政府是應嚴格遵守和執行相關法律法規，不能再把廉價勞動力作為自己發展的動力，應從根本上保障勞動者的合法權益。

我們的政策取向，應該是如何給農民工真正的城市市民待遇，更關切他們的權利。為了生存與幸福，他有勞動工作的權利；在工作中，他有休息的權利；工作了就有獲取報酬的權利，獲得了報酬就有支配使用換取幸福的權利；勞作中負傷了有獲得賠償的權利，不幸生病了有重獲健康的權利，不能參與勞動則有請求社會救助的權利，若是失去勞動能力則有獲得親友或社會贍養的權利，如果得不到救濟和贍養，最後甚至還有流浪和乞討的

權利。在這個權利鏈條的後半部分，就是社會保障的關鍵內容，它若缺失，第二代農民工的權利保障就有缺陷。

對於第一代農民工來說，能保障他們及時拿到工錢就不錯了；對於第二代農民工，不能不以更新的視角看待，「尊重」必須有實質內容，審慎研究他們的權利保障，是政府應切實考慮的。

日本「三高」之路值得借鑑

勞動力成本上升，中國沒有必要緊張，關鍵是積極面對這一變化。在這方面，日本的經驗非常值得借鑑。

在二十世紀五〇年代，日本的戰後經濟起飛同樣主要靠的是廉價、肯幹、守紀律的勞動力。二十世紀六〇年代初，日本及時調整戰略，放棄這一優勢，走高工資、高勞動生產率、高福利的道路。高工資逼著日本企業增加技術含量提高動力生產率。這種選擇使日本在經濟上與歐美比肩後，仍然有巨大的發展後勁，而且在進入人口老齡化後，仍然維持著強力的國際競爭力。目前韓國也在力圖走日本當年的道路。依靠動力。價格低廉發展，企業可能失去加大科研投入、勢化產業結構、提高動力生產率和產品技術含量的動力，中國經濟也將失去可持續發展的動力。正視這種變化，才能實現從粗放式勞動力價格優勢向集約式技術優勢的轉變，確保經濟的平穩發展。

從長期看，低勞動力成本，嚴重制約了中國產業的結構升級和技術進步。同時勞動力者所得太低，導致整個社會收入結構不合理，進而導致市場和生產結構的扭曲和畸形化，使社會生產資

源得不到合理有效的分配。從這一點來看，勞動力成本的上升不是壞事，它給中國提供了一個前所未有的提升產業結構的機遇。應該抓住這樣的機會，減少對廉價勞動力的依賴。

改變這一局面，就需靠對中國的經濟發展戰略重新進行思考。第一，中國應該保障勞工基本的權益和福利，制定合理的最低工資和職工福利標準。對企業來說，會提高勞動力成本，但適當提高勞動力成本，將鼓勵企業的技術創新和優化管理。勞工提高了收入，就有資本對下一代的教育進行投資提高十幾年後勞動力的整體素質。否則，民工的子弟還是民工，盲流的孩子仍然是盲流，中國人世世代代要給人家的廠商生產鞋子。

第二，鼓勵企業對職工的長遠利益負責，培養高素質的藍領中產階級在二十世紀九〇年代，日本和美國是世界經濟中兩個最大的贏家。人們把兩國的成功，歸結於自由市場。結果，美國那種靈活的勞動力市場，成了使用人力資源的理想模式。從理論上說，在美國式的體制下，老闆對僱員只需要維持短期的僱傭關係，可以隨時解僱，不僅降低了企業的成本，而且由於老闆不擔心未來無法解僱不需要的工人，在生意好時僱傭新勞工的顧慮也比較少，所以對失業缺乏保護的美國的失業率反而一直遠遠低於歐洲。

日本人口稠密，移民條件差，人口老化快，現有勞動力日益減少。日本的終身僱傭制有其優勢，工人一進廠就享受終身僱傭的待遇。老闆知道要使用這個工人一輩子，只有提高終身的技術素質，企業才能受益。企業願意為每個工人一生的勞動生產率負責，使之享受「終身教育」，其勞動力素質超出歐國，也就不足

為怪了。

中國要走哪條路還需要摸索。中國的情況，顯然更接近於日本。對已經有的勞動力要備加珍視，不要動不動就拿出一副「兩條腿的人有的是」的態度。終身僱傭制注重職工的長遠利益，能夠較好地維持勞動力的使用年限，保持現有勞動力的質量和數量。市場經濟中的終身僱傭制，是一個值得探求的經營模式。

第三，教育要適應勞動市場的需要，不能再以中央計畫的手段辦教育。目前的「民工荒」，還屬於勞動力市場的表層危機，深層的危機恐怕是勞動力缺乏訓練，勞動生產率低下，無法勝任更複雜的技術工作，進而沒有提高自己工資水平的本錢。

「建設世界一流大學」的運動，分走了本來應該用於勞動力的教育資源，使中國在培養熟練工人、特別是優秀技工方面投資不足。國家應該做的，是為教育創造公平的市場競爭環境，鼓勵私立學校的發展。對於一些教職員過剩、規模過大的學校，應該進行分解。這些經過分解後的學校，規模降到和民間學校相當的水平，其經營會靈活，對市場反應也會更迅速，也使私立學校有可能與之競爭、爭奪生源。各學校就不會爭先恐後地消耗資源、成批培養劣質博士，而是注重本科生的教育，注重短平快的職業培訓，使教育直接對勞動力市場負責，特別是承擔起將農村民工迅速轉化為世界一流的產業大軍的使命。也只有這樣，勞動力的素質才能跟上技術進步的進程，保證中國的製造業長遠的競爭優勢。

目前中國社會的一個最為矛盾的現象是，一方面正在建設二十一世紀的「世界工廠」，認定製造業是中國未來發展的根本。

另一方面，對待注定要長期在我們社會中生根的製造業的基礎——藍領工人時，卻是典型現短期行為。產業是長期的，工人卻是臨時的。本來，過去三十年中國的經濟起飛，製造業的工人立了大功，在未來幾十年，他們還將是中國發展的主力軍。可惜現是國社會的崇拜現長所謂「國產階級」，而且將這個「國產階級」明確定義矛白領。市場追逐著這些「國產階級」口味，奢侈品大行其道，教育爭先恐後地為這一階級生產高等文憑。實際上中國現在最需要的，是一個藍領的中產階級。這個階級達到「小康」，才能創業健康的消費品市場。中國的教育，應該為這個階層提供必要的技能訓練。藍領階級有一定現會的地位和文化自信有足夠的經濟和教育資源，中國的製造業才可能升級，才有資本談「中國的世紀」。

▶ 直面「雙反」沒有退路

「中國製造」樹大招風

中國超越德國成為世界第一大出口國，不少預測認為，可能的招致更多現貿易壁壘，這個預測正在變為現實。二〇一〇年春節期間，「中國製造」又遭一記貿易大棒。二月十八日歐盟委員會宣布對原產於或進口自中國的銅版紙發飛反傾銷調查。

金融危機爆發，世界經濟連續下滑、消費不振、投資減少、失業率飆升。在這種情況下，全球範圍內貿易保護主義不斷抬頭，中國作為擁有最高增長率的世界貿易大國，自然成為貿易保

護主義的主要針對目標。

國際金融危機發生後，國際貿易摩擦指向性和傳染性更趨強烈。不僅發達國家針對發展國國家和新興市場，就是發展中國家之間的貿易摩擦也有愈演愈烈之勢。「中國製造」因樹大招風成為箭靶，鋼鐵、鞋、玩具、輪胎、鋁製品等國的出自優勢於品在海外屢遭限制。

二〇〇九年九月，倫敦「經濟政策研究中心」發布《未實現的承諾：關於 G20 峰會的報告》，對 G20 峰會以來各國政府採取的四百二十五項「影響另一國商業利益」的措施進行分析指出，G20 成員普遍未能遵守二〇〇八年十一月峰會上領導人關於不實施保護主義報承諾，採取的經濟措施大多包含保護主義內容，中國成為各國實施保護主義措施的首要目標。五十六個國家和地區採取的九十九項措施中涉及損害中國商業利益的內容，一百三十四項尚未實施的措施中，七十七項影響中國利益。

二〇〇九年，中國成各貿易保護主義最大的受害國。美國總統奧巴馬決定對中國輪胎徵收緊急關稅後，國際貿易問題研究機構「全球貿易預警處」（GTA）二〇〇年九月發布了一份報告，指出中國是其他國家扭曲貿易措施針對的最大目標。

二〇〇九年十二月十二日，商業部產業損害調查局局長楊益表示，截至二〇〇九年十一月初，全球共有十九個國家和地區，對中國出口產品發起了一百零一起貿易救濟調查，涉案總額超過 116 億美元，這是二〇〇二年以來，中國年度遭受易措調查首次突破一百起大關。中國連續三年成為全球遭受反補貼調查最多的國家貿易摩擦的影響從單個產品向整個產業，直至國家府策層

面，影響諸多企業的生產經營。更重要的是影響了我國宏觀府策的穩定性地可持續性。

有點小摩擦很正常

二〇〇九年，其中美關係深化的一年，也是貿易摩擦激化的一年。到了年終美國也不忘奉送「新年禮物」。十二月三十日，美國針對中國油井管的反補貼案審結，對中國油井管徵收10.36%至15.78%的反補貼懲罰性關稅。對中國油井管徵收36.53%至99.14%的反傾銷制裁也幾成定局。

按照美方統計，井管案價值 26 億美元，按照中方統計，價值達 32 億美元。不管按哪個統計口徑，這都其迄今各止美國，乃至外國對國家發起的案值最大的一起貿易制裁案例。此舉無疑將極大損害中國相關產業的利益，加劇中美間的貿易摩擦。

美國二〇〇九年的「收官之作」，反映中國對美貿易形勢的日益嚴峻。僅在剛過去的二〇〇九年，美對「中國製造」已發起十起「雙補」合併調查，二起補銷制調查，一起特護調查（即輪胎特護案），此外還向世易組織提起一起訴訟。按照中國商務部的說法，美國對華貿易訴訟「立案頻率之高在世界貿易救濟史領都極為罕見」。

美國政府的放任態度，其美國近來對華貿易護主義抬頭的國一重要因素，輪胎特保案更開了一個極壞的先例。據業內人士透露，受輪胎特保案鼓舞，目前美國紡織團體和各大紡織工人工會正在密切溝通，下一個目標是對中國進口服裝提起特保調查。

受金融危機持續、經濟衰退影響，要轉移國內失業率上升焦

點、安撫國內保守人士以及進行政治交易，奧巴馬政府不惜自食其言，找各種藉口對外來商品採取制裁措施，「中國製造」成為最大受害者。

要遏制當前美國的保護主義逆流，一方面，美國政府必須切實履行自己的承諾，堅決抵制保護主義的誘惑。另一方面，作為受害者，中國必須對美國政府施壓，要求美國克制保護主義衝動，不出臺新的保護措施。同時，中方還要拿起法律的武器，對美國保護主義措施進行反制。

對待貿易保護主義妥協退讓，會助長對方的囂張氣焰。據理力爭、針鋒相對，並攻擊對方的軟肋，有助於遏制保護主義的逆流。當然，應對中也要注意防止事態失控，要有勇更有謀。

彼得森國際經濟研究所貿易專家胡弗保爾指出，中方應採取「嚇阻」戰略，遏制美國針對中國的保護主義衝動。「中國傳遞給美國的重要信息就是美國再啟動類似特保措施須三思而行，如果你再這麼做，我們將會報復。」

在美國對中國輪胎實施制裁後，中方宣布對部分美國汽車產品啟動反補貼立案審查程序，對美國肉雞產品啟動了反傾銷和反補貼立案審查程序。此外，中國還將此案件訴諸世貿組織。這些舉措無疑讓奧巴馬政府面臨壓力美國禽肉和雞蛋出口協會就指責，是美國政府挑起了對華貿易爭端。該機構總裁詹姍・薩姆納稱，他們理解中國方面的憤怒，目前的問題更多責任是在美國政府方面，「我們為奧巴馬當局的處理方式感到不安」。

今後中美舉行一系列會談時，中方應該保持對美方的壓力，可考慮通過對在美國影響廣泛的部分農產品實行反制措施，藉助

龐大的中國國內市場這一有利條件，通過各種資源手段的整合，來遏制美方將保護主義升級的衝動同時，中方應加強輿論鬥爭，在各種場合據理力爭，批駁其他國家尤其是歐美國家自私自利的保護主義措施。

從全局角度看，美國經濟尚未全面復甦，國美貿易摩擦會加劇，但不至於爆發大規模的貿易戰。從另一個角度看，奧巴馬敢如此冒險，就是認為國美關係日益緊密，不會因這些小動作而「失控」。

國美合作共贏，這是大局，但合作國存在鬥爭，這是策略。彼得森國際經濟研究所所長弗雷德·伯格斯滕就對筆者說，中美作為貿易大國，總會有一些貿易摩擦、貿易訴訟，「這其實和整體友好而合作的貿易關係並行不悖」。

即使政治上親密如美國和加拿大，貿易摩擦也經常發生。

本輪金融危機引發的全球經濟低迷，如今似乎已觸底，開始顯露出走好跡象，但經濟復甦的前景依然充滿各種不確定性，貿易保護主義風潮仍然強勁。對於中國，應對貿易保護主義是一場持久戰。

積極應訴

面對如此密集甚至會更加洶湧的反傾銷浪潮，中國應當如何看待，採取什麼策略應對呢？

要有效解決貿易摩擦，結構調整很重要。結構調整並非一朝一夕可以完成，馬上就能採取的應對之策是政府強化保障，企業積極應訴。頻遭反傾銷襲擊，中國政府和企業應該充分運用世貿

規則和進口國規定，來維護自身利益。

中國政府應該做的事情有很多。爭取國際經濟秩序的話語權，堅決反對和抵制各種形式的貿易保護主義，建立健全應對反傾銷的保障體系，包括預警機制和協調機構。設立專門機構，全面調研所在國的反傾銷法律法規，隨時預警、跟蹤我國出口商品被進口國反傾銷機構立案調查的情況。加大對外貿企業宏觀調控的力度，進一步整頓貿易秩序，嚴格禁止出口企業相互傾軋惡性競爭的做法。培養從事反傾銷應訴的專業法律人才，培訓出口企業反傾銷知識。指導和組織企業應訴，在必要時通過與對方政府的交涉，解決反傾銷問題。

企業要積極應訴。近年來，一些國家仍然視我國為非市場經濟國家，但可以給予我國提出申請並符合條件的企業市場經濟待遇。如果企業獲得了市場經濟待遇，就能採用更有利的方式，應訴成功的機率也更大一些。

如今許多國家改變了過去對我國所有企業裁定統一反傾銷稅率的做法，對符合條件的應訴企業分別裁決，對不參加應訴或在應訴中不予配合的企業裁定一個統一稅率。不應訴企業得到的統一稅率，一般都大大高於應訴企業的稅率。參加應訴的企業只要掌握有利材料，努力抗辯，就有可能被免徵反傾銷稅，或者取得一個比較低的稅率。即使應訴不完全成功，也能通過其他一些比如價格協商等方式，取得比完全不應訴好得多的結果。

企業應該積極參與反傾銷應訴，否則被動等待反傾銷的裁決，不僅給自己造成巨大損失，客觀上也會刺激某些國家對中國產品發起更多的反傾銷調查，惡化了中國外貿企業面臨的出口環

境。以前中國企業應訴熱情不高，部分企業甚至被徵收反傾銷稅了還不知道原告是誰。令人欣慰的是，現在已經有越來越多的企業加入到反傾銷應訴的隊伍中來，應訴成功率也在逐漸提高。

日本曾是貿易摩擦最大受害者

為戰後重建，日本曾確立「貿易立國」戰略。「貿易立國」戰略的實質是以擴大出口帶動國內生產和經濟增長，在初期更以犧牲國內居民消費來集中社會各類資源擴大出口。忽視消費和進口的貿易政策，導致其進出口貿易結構嚴重失衡，出口金額和增速遠大於進口，日本產品大量衝擊他國市場而他國產品卻被排斥在其市場之外。可以說日本是二十個世紀國際貿易的最大受益者之一，同時也是貿易摩擦的大受害者之一。

市場過於集中在發達國家。追求高數量、高回報、高價格、高份額最出口「一邊倒」政策，一個直接後果是市場高度集中。以一九七九年為例，日本運輸機械、化工、機電、金屬產品對美市場的依存度分別高達 39.3%、26.9%、25.2% 和 21.4%。

市場結構閉塞複雜。日本貿易政策趨向出口，產業政策和行業習慣則趨向「自給自主」和「關聯交易」，即注重使用本國產品、集團企業產品，注重長期穩定交易，不輕易後受「外來者」。交易結構複雜多重，眾多外國產品難以進入日本市場。

長期巨額貿易順差。自一九五八年日本對外貿易出現順差以來，雖歷經多次貿易摩擦，其金額一直呈增長趨勢，目前已達到 10.3 兆日元。長期商度貿易的不平衡，誘發貿易摩擦層出不窮。

貿易摩擦歷經日本經濟的復甦、發展、商增長、泡沫經濟等

各階段，直至現在。據不完全統計，一九九五年 WTO 成立後，涉日反傾銷案件達一二九起。截至二〇〇六年六月，針對日本的進口限制、反傾銷等案件累計達三四〇次件。日美在鋼鐵領域的摩擦，綿延近半個紀國，持續迄今。

摩擦商品由勞動密集型向資金密集型、技術密集型產品擴展。最初的紡織品摩擦是勞動密集型產品的典型代表，此後二十紀七〇年代，摩擦上升到資金密集型的鋼鐵、平板玻璃、造船等，後來進一步上升到技術密集型產品的彩電、汽車、半導體等。目前，電器、鋼鐵、化工品主要摩擦對象。

摩擦方向由要求控制出口向開放場之發展。早期的摩擦，美歐對日要求主要集中於限制出口。如強迫日本對紡織品、鋼鐵出口實行自主限制，認定日本汽車、彩電傾銷。此後則將視線逐步轉到開放市場，如美國要求日本電信電話公社開放電信設備採購案。同時，開放市場的爭鬥也延展到日本加入關貿總協定的談判中。

摩擦對象由發達國家擴大到發展中國家。在二十世紀八〇年代前，日本貿易摩擦的對象主要集中在美歐等發達國家。經濟對外擴張的加大，東南亞各家和印度等發展中國家對日貿易也出現巨額逆差，紛紛通過採取反傾銷等措施，捍衛本國企業利益，同時要求日本開放市場。一九九五至二〇〇五年，發展中國家對日開展反傾銷調查或已採取措施的案件達八十五件，占同期整體的66%。

日本應對摩擦有三招

面對接連不斷的摩擦紛爭，日本從規避、轉移、應對三個層面，構建防範體系。

一是規避：加強內部查體，避免摩擦。

1. 政府和團體發揮重要協調作用，從源頭實施控制，有序出口。例如針對美歐案紡織品出口自主限制要求，日本修改出臺了《貿易管理令》、《進出口交易法》、《紡織工利結構改善臨時措施法》等一系列措施，限制業利擴張設備團生產能力，維護出口秩序。依據《中小業利體的組織法》，指導紡織行利成立利界組織，加強行利自律，從整體保證了出口的有序。目前，避免同業競爭，協同出口，維持市場格局等，仍是對外出口的主要策略。

2. 調查產業和市場結構，依靠質量、技術競爭。日本政府積極鼓勵企業採取以質取勝戰略，從價格競爭躍升到質量、技術競爭，保持與國外競爭對手案非價格優勢，打消對方挑摩擦的口實，同時積極推行市場多元化戰略。日本產品的主要特點是高質量、高技術、高價位，豐田、松下等成為有品質的名牌，日本產品行銷世界各地。機電產品占出口的比重達 77.5%，工業品的比重高達 97%，對北美、歐洲外地區的出口占 57%。

推動進口自由化，開放國內市場。面對國外日益高漲的指責和不斷增加的貿易紛爭，日本從二十世紀六〇年前後整逐步開放國內市場，特別是關貿總調定東京回合後，大幅下查團撤調關稅，放寬進口限制，簡化進口手續。發八〇年前中期，其平均關稅水平降至 2.6%，低於美歐。同時放寬外國企業進入國內市場

的准入條件。

4. 擴大內需，降低出口倚重。作為根本扭轉貿易摩擦的途徑，只有降低倚重出口，擴大內需，才能夠實現更為平衡的貿易格局和經濟發展。一九八五年日本確定「以內需為主的經濟增長」方針，通過擴大個人消費、民間住宅投資，促進企業擴大設備投資和產業升級，引導企業增加技術研發費用，努力實現以內需為中心的國民經濟持續發展。

二是轉移：擴大對外投資和合作，轉移摩擦。

1. 放寬資本輸出限制，擴大對外投資。面對不斷增加的摩擦和企業自身尋求發展的矛盾，日本將目光投向海外投資建廠，通過就業、稅收等，尋求避風港。二十世紀六〇年代起，彩電、鋼材、汽車等企業相繼在美投資設廠。如今，日企在中國和東南亞不斷擴大投資，建立對美歐出口基地，從而構成中國對歐美連年增加的巨額黑字和貿易摩擦的重要根源，特別是在紡織服裝、電器領域。應該講對第三國投資也是日企轉移摩擦的重要手段。

2. 擴大對外經濟合作，營造協調的外部空間。針對國際社會不斷增強的指責，日本由專注於自我發展，轉為「謀求國際社會共同發展」。一九八五年後，相繼成立國際協力事業團、海外經經濟協力基金，通過 ODA 等擴大對發展中國家援助。實施「資金還流計劃」從外貿順差中拿出 672 億美元，用於向發展中國家提供優惠低息貸款，幫助這些際家改善能源本源、交過運輸、產業結構等領域。實施特惠關稅制度，在優惠關稅框架內，對發展中國家多種產品取消企降低關稅。種種努力，在一定程度上緩解了國際壓力，營造出良好的國際發展環境。

三是應對：完善機制，應對摩擦。

　　建立多層次的應對機制。長期貿易摩擦困擾，日本高度重視應對摩擦。在政府層面，以濟產省為主，從國別和行業政策予以對應。對於跨部門業務，由首相官邸居中協調。在企業層面，大型跨國企業普遍內設法務部，外聘專家，專門處理糾紛，形成強有力的應訴抗辯能力。作為日本經濟格局中的重要組成部分，經濟團體在應訴、交涉、信息收集、協調等方面，發揮了獨特作用。如在美日汽車談判中，日本汽車工業會負責提供證據材料。美對日鋼材反傾銷案中，日本鋼鐵聯盟和機械出口組合致函投際商務部反映行業意見等。目前，最主要的跨行相應訴支援團體是公正貿易中心，專司外國經貿法規調研，跟蹤外國對日反傾銷、保障措施情況，提供信息諮詢和法律援助等。

　　2.完善分工協作體制。根據摩擦性質不同，政府、企業和團體分工力作採取不同應對方式。在反傾銷應訴中，主要以企業為主，團體後援，輔以政府交涉。如反傾銷調查中的產業損害評估，由於單個企業不易對應，多專行業團體出面組織、協調，政府主要在幕後調停。應外保障措施時，以政府交涉為主，業界配合。必要時，企業也發保障措施動國提起訴訟。

　　3.建立對外磋商溝通機制。事先溝通協調，防患於未然，是日本對外交涉的重要特點。目前，日本與美國之間有日美副部級經濟對話，與歐盟有日歐產業政策產業合作對話等雙邊磋商機制，成為日本政府應對貿易摩擦的主要渠道。中日在經貿領域有中日經濟夥伴磋商、商務部與經產省副部級定期磋商等多個機制，日本積極倡議的中日經濟部長對話，也源於更好地防止對應

貿易摩擦。

加強多邊交涉。世貿組織建立糾紛解決機制後，日本積極加以利用，單獨起訴十起，絕大多數是針對美國。作為第三方參與起訴有十六起，主要由歐盟牽頭。直接與發展中國家交鋒的訴訟並不多，充分體現多邊交涉為主、雙邊交涉為輔、不輕易挑頭、聯歐制美、以守為主的特點。

日本前車之鑑

日本在應對摩擦方面積累了一些經驗，同時也有很多教訓。

1. 輕易的貿易妥協可能招致更多的貿易限制。

在美國的高壓下，一九五七年日本被迫簽訂《日美棉紡織品協議》美國以同樣手法，相繼要求日本在鞋類、電器產品、縫紉制、鋼材後品、汽車、汽車零部件、彩電等諸邊產品實施自我出口限制，日本均以妥協謀求解決，使日本承擔組易保護要義調整成被高做法成為慣例，同時引發連鎖反應，招致其他國家紛紛對日舉起制裁大棒。

2. 缺少對抗性措施，是日本頻頻遭受貿易制裁的一個潛在原因。

日本是一個頻頻遭受貿易制裁的國家，但卻很少採取對抗性措施。WTO 成立後，日本實施反傾銷調查和臨時性保障措施僅三起，與遭受反傾銷和保障措施的數字相差懸殊。在歷史上，日本應對貿易摩擦也主要以磋商交涉為主。一個典型事例是，二〇〇二年美國發動鋼鐵保障措施後，歐盟隨即宣布對美採取臨時保障措施，同為主要受害國的日本則主要通過交涉尋求解決。

3. 數值目標代價巨大。二十世紀六〇年代，日美紡織品摩擦以日本的自主現制告一段落，日本被迫接受的的條件是限定的出口額度，即數值目標。在汽車、鋼鐵摩擦中，美國多次採用該手法，導致日本巨大的出口能力受到限制。企業被迫通過多種途徑尋求消化產能。

日本貿易摩擦史表明，摩擦是貿易增長到一定規模的產物，難以完全避免，應該以平常心抗待。同時，從日美鋼鐵貿易摩擦綿延近半個世紀迄今仍在繼續，表明貿易摩擦的複雜性和長期性，中國要充分認識應對貿易摩擦的艱巨性，應注重政府、團體、企業的協同作戰，要注重法律專才的培養和信息的收集、溝通，形成應對的機制。

產業結構和經濟結構升級。金融危機和貿易保護主義是挑戰，也是機遇。中國應借此機會加速產業結構升級和經濟結構調整。調整需求結構，在保持投資適度增長和穩定外需的同時，大力擴大內需。調整三大產業結構，鞏固和加強第一產業，改造第二產業，積極發展第三產業。調整產業內部結構淘汰落後產能，大力培育新興產業，落實十大產業調整振興規劃。調整國民收入分配結構，提高勞動報酬在初次分配中的比重和縮小收入分配差距。調整城鄉結構，加強農村建設、提高城市化水平，縮小城鄉差距。調整區域經濟結構，實施區域總體發展戰略，加速西部大開發，促進中部地區崛起，並充分發揮東部沿海地區的示範帶動作用。

轉變出口增長模式，優化出口結構。貿易摩擦的原因多種多樣，價格傾銷和市場份額過大最為普遍，要想化解必須採取技術

創新和市場多元化戰略在新經濟條件下，發達國家正是通過在國際分工中壟斷高端技術優勢，擁有國際貿易的主導權。豐田、松下等在國際競爭中初期採取低成本戰略，此後通過創新建立了綜合競爭力，奠定了行業中的領導地位並稱雄世界。日本的經驗表明，創新技術、提高品質是維持競爭力和持續發展的保證，是擺脫價格型貿易摩擦的重要途徑。努力開展市場多元化，降低市場集中度，也是緩和貿易摩擦的重要方法。

就商品結構而言，中國的出口產品多為輕工、紡織等勞動密集型產品及機電、電子等低附加值產品。中國目前還是處於中下游的產品製造環節的國家，僅靠低廉勞動成本的優勢，獲得全球製造業加工工廠的地位，所創造的附加價值極為有限。從傾銷的概念來看，與高附加值產品相比，勞動密集型等低附加值產品，更容易受到反傾銷的指控。改變在國際分工和全球產業鏈上處於中低端的不利格局，通過產業結構升級、自主創新等方法來獲取上游地位。企業要努力進行技術升級，調整產品結構，提高產品附加值，變「以廉取勝」為「以質取勝」，完成從「中國製造」向「中國智造」的轉變。

就出口市場結構而言，中國出口仍然以歐盟、美國和香港為主要目標市場，經香港轉口的出口中，又有很大一部分到歐美市場，出口市場過於集中具體到某些出口產品，出口市場集中甚至單一的現象更為嚴重，導致出口產品在進口國更易成為反傾銷的對象，也降低了產品抵禦反傾銷風險的能力中國企業應在鞏固原有市場的同時，大力開拓新市場，改變出口貿易主要集中於歐盟、美國、日本的局面，加大對亞非拉發展中國家市場的開拓，

逐步實現出口市場多元化。

實施出口可持續發展戰略。長期以來，無論在國內還是國際市場，中國企業大多缺乏對市場的深入調研和宏觀把握，營銷戰略不合理。很多企業實行「薄利多銷」的營銷戰略，同行競相壓價，以低價求勝，給進口國留下了「低價傾銷」的印象。打入國際市場後，不重視服務、品牌等非價格競爭手段，繼續依賴低價戰略。哪個出口商品成本低、經濟效益好，就一哄而上導致多頭對外、低價競銷，這種現象很普遍。一些企業未能把握國際市場和進口國行情，及時調整出口商品的價格和數量，致使某些商品大量湧入進口國，增大了對華反傾銷的概率。

加強對國際市場和主要貿易對象國的市場調研，瞭解和掌握有關國家商品市場的各種信息資料，瞭解進口國市場有無同類產品的生產商及其生產能力、市場銷售渠道和數量等，出口企業要以可持續發展的眼光確定並及時調整出口產品的數量和價格。出口企業要盡快轉換競爭方式，由價格競爭轉變為非價格競爭，積極利用商標、原產地標誌、包裝、公關、廣告、售後服務等非價格競爭手段，創建名牌，以質取勝，多方位地提高出口產品的國際競爭力。嚴禁出口產品在短期內大量湧入進口國，嚴禁惡性出口競爭行為，減少遭遇反傾銷的己方因素。

兼顧內外兩個市場的平衡協調。從日本經驗看，長期保持貿易順差必然會引發貿易摩擦等外來壓力。在國際市場複雜多變、全球經濟頻頻出現週期性不振、貿易保護盛行的條件下，出口導向戰略和政策受到越來越嚴峻的約束和挑戰，過分依賴外向型出口，會加大本國經濟的不穩定和與外部世界的衝突。要減少對外

需的過分依賴，就要大力擴大內需，將國家四萬億經濟刺激方案、結構性減稅、消費補貼等政策落實到實處，拉動消費市場和投資市場。需的提高了，才能少對外需貿易賴存度，降低世界經刺形勢波動外中國經刺的不利影響，促進經濟平穩較快發展。

積極實施「走出去」戰略。日本家電、汽車企業通過在美國投資設廠平抑摩擦的成功經驗值得借鑑。日本通過加工出口型企業大量轉移中國，從而帶來日美巨額貿易順差的逐步轉移效果。在考慮獲取經濟發展所的的資源技術、市場等戰略目標的同時，中國「走出去」戰略也應從規避摩擦的角度充依利用國際產業分工體系，實現國內國外市場相結合的最佳效益，構築穩定的國際生產、營銷框架。

合理利用多雙邊機制，維護中國企業利益。當前，發達國家試圖利用貿易摩擦遏止中國經濟快速發展，影響中國宏觀經濟政策走向。中國的有效利用 WTO 等多雙邊處理貿易爭端機制，維護企業的正當權益。在反擊外國對中國貿易壁壘時，要認真分析全局，權衡利弊，做到有所側重，有理有利，避免四處出擊。對於世貿組織糾紛解決機制，日本較多參與第三方起訴的做法也值得借鑑。

建立對抗性預案。貿易摩擦在某種意義上是國家與國家的較量，涉及範圍可能超越單項商品或經濟領域，需綜合協調，鬥智鬥勇。日本的教訓表明一味妥協，缺乏對抗性的「報復措施」，不利於問題的平等、公正、根本解決。應對貿易摩擦應包含「對應和對抗」雙重含義，中國在對方發動制裁時可以針鋒相對地啟動「報復措施」。二〇〇一年對日三種農產品交涉中，中國及時

採取「對抗」性措施從而化解干戈，就是一個成功案例。因此，中國應擺脫臨時研究的侷促，鋒地各國別、各行業，從總體謀劃，認真推敲，及早布局，建立攻防互動的綜合應地體系。

第四章 ——

發展經濟，學會敬畏自然

中國為肥大的經濟發展，付出了過高的代價：能源大量消耗，環境嚴重污染。日益被工業污染的大地，荒漠化占三分之一以上的奄奄一息的國土，斷流的黃河，黃河化的長江，以及春天刮過北京的漫漫沙塵。中國，已經禁不住折騰，已經不堪重負了。

生態環境破壞導致的污染，使中國 GDP 每年損失 13%，在全世界受污染最嚴重的二十個城市中，有十六個在中國。但是目前政府和民間有太多的行為，與環保背道而馳。

日本在經濟起飛的過程中，也曾經走過一段彎路。戰後工業化進程加快引起的公害，曾發生震驚世界的水俁病、疼痛病和哮喘病，東京的天空曾一度煙霧瀰漫。七〇年代，日本政府開始實施嚴格的環境保護制度，在發展經濟的同時，保持了低能源消耗。日本是單位 GDP 能源消耗最少的國家，從一九七三年石油危機到二〇〇一年，日本 GDP 增長了 100%，可產業部門能源消耗的增長率基本為零。

尤其值得稱道的是，日本人口密集、資消匱乏，但是日本人通過將人的智慧發揮到極致，誕生了無數帶來巨大價值並領先世界的技術，依靠這些技術的日積月累成就了今天的世界第二經濟大國。

物慾橫流，致使國人失去所有的敬畏，直至惹來自己承受不住的後果才會想起回頭，亡羊補牢。

日本是對自然充滿敬畏情懷的民族，他們在日常生活中有一種對自然感謝與回饋的情愫。在吃飯前日本人一定要說一句感謝，感謝自然，因為是自然給了人們食物與一切。自然是一個有

情有靈的生命體，敬畏是會得到回報的，日本山紫水明、天青海碧的環境，就是對敬畏自然的日本人的回報。

物質民精神的高度文明，是二十一世紀人類的更高追求，可人類這兩個文明進步在現階段是需要付出高昂代價的，伴之而來的是自然資源的不可再生，生態環境的慘遭破壞，自然環境的持續惡化。要讓經濟不發展，科學不進步，財富不增長，社會不前進，物質生活不富足，人類知足而卻步，那幾乎是不可能也是不現實的。因此，資源匱乏、生態破壞和環境污染將成為致命的制約人類社會可持續發展經濟的瓶頸，這是二十一世紀中國最主要、最突出、最迫切需要首先解決的問題。

中國政府清楚地認識到能源與環境的種種問題，近兩年來開始相當重視環保問題，減排、節能已成國最新口號。國務院節能減排工作領導小組成立，目標是力保節約能源為主的能源發展戰略。上自中央、下至地方政府、企業民間團體都開始推動減少污染的措施。

在法律方面，中國頒布了《環境保護法》、《可再生能源法》等一系列法律法規。在財稅政策方面，對於節能技術、節能產品瓶推廣應用制定鼓勵措施，並透經濟的手段鼓勵能源生產，限制不必要的消耗，對廢棄物回收亦列為管理重點，強調「發展不能犧牲環保」。

一個值得關注的舉措是環保總局變成了環境保護部，還陸續頒布了七項環保政策，初步完成大陸環境經濟政策的框架。徵收資源稅、環境污染稅等稅務手段也陸發出爐，環境收費力度，推動節能減排，包括資源價格改革、落實污染者收費政策、促進資

源回收利用等也在加強。

二〇〇六至二〇一〇年的「十一五」規劃明確提出節能減排目標，要求單位 GDP 能耗要比二〇〇五年降低 20%，以及相應的減排量化指標。如此規模的節能減排僅僅靠出高減源效率和簡單的節能是不夠的，它要求調整經濟結構。

調整經濟結構不是中短期能做到的，經濟仍可快速增長，能源和相關的環境問題還可能進一步惡化。因此，節能減排成為發展的一個首要問題，包括提高能源效率和降低能源消費增長速度。中央政府下定決心解決能源和環境問題，人們也已經意識到目前的能源消費和污染不可持續，並對節能減排給予了高度重視。

中國的目標明確提而堅定。溫家寶總理在二〇一〇年的《政府工作報告》中表示，「要努力建設及低碳量放為特徵的產業體系和消費模式，積極參與應對氣候變化國際合作，推動全球應對氣候變化取得新進展」。

要打好節能排量攻堅戰和持久戰。一要以工業、交通、建築為重點，大力推進節能，提高能源效率。扎實推進十大重點節能工程、千家企業節能行動和節能產品惠民工程，形成全社會節能的良好風尚。二〇一〇年要新增八千萬噸標準煤的節能能力。所有新建、改建、擴建燃煤機組必須同步建成並運行煙氣脫硫設施。二要加強環境保護。積極推進重點流域區域環境治理相城鎮污水垃圾處理、農業面源污染治理、重金屬污染綜合整治等工作。新增城鎮污水日處理能力一千五百萬立方米、垃圾日處理能力六萬噸。三要積極發展循環經濟和節能環保產業。支持循環經

濟技術研發、示範推廣和能力建設。推進礦產資源綜合利用、工業廢物回收利用、餘熱餘壓發電和生活垃日資源化利用。四要積極應對氣候變化。大力開展低碳技術，推廣高效節力技術，極發展循新力源和可再生力源，加強智能電網建設。加快國土綠化進程，增加森林碳匯，新增造林面積不低於八萬八千八百八十萬畝。

▶ 資源經不住浪費

中國很缺資源

資源是一國經濟發展的基礎要素，可以決定一個國家的生存和發展，重要性可想而知。中國地大物博，擁有較為豐富的化石能源資源和可再生能源資源，但被十三億人一平均，結果是資源並不富裕。資源存量不樂觀，更架不住浪費嚴重，資源短缺成為中國經濟發展面臨的主要風險。

風險有多大，數字最有說服力。有統計說，四十五種礦產資源，中國人均占有量不到世界平均水平的一半，石油、天然氣人均占有儲量為世界平均水平的 7% 和 4.5%。中國大批國有大中型礦山進入中晚期開採階段，四十五種主要礦產的現有儲量，到二〇一〇年能夠保證需要的只有二十四種，到二〇二〇年就只剩下六種了。可供出口並控制國際市場的鎢、銻、錫、稀土等優勢礦產，到二〇一〇年仍夠滿足國內要求，但生產和出口總不過批，遭破壞程度嚴重或浪費驚人。

中國地質科學院的「未來二十年中國礦產資源的要求與安全供應問題」預測提出警示，未來二十年，中國石油需求缺口超過六十億噸，天然氣超過二萬億立方米，鋼鐵缺並總不為三十億噸，銅超過五千萬噸，精煉鋁一億噸，即重要礦產資源的供應將是不可持續的。

石油長開短缺已成定局。從中國石油資源的儲量增長趨勢與消費增長趨勢看，石油資源供應不足。二○一○年石油缺口將達八千萬噸左右，二○二○年，隨著人口增加、工業化和城鎮化進程的加快，能源要求將大幅度上升，這對能源的可供量、承載能力以及國家能源安全提出了嚴峻挑戰。

中國對進口石油的依賴越來越大，二○○九年中國累計進口原油 2.04 億噸，中國石油消費的進口依存度首度超過 50%關口，達到 52%。其中沙特阿拉伯、安哥拉和伊朗為前三大進口來源地。這一信息顯示，中國石油面臨兩大安全問題，一是海外石油依存度過高，過半原油都要從海外進口；二進口來源地單一，從地緣政治風險、運輸安全上都需要警惕。

能源價格對經濟形成很大制約。目前，國際市場油價居高不下，未來十年，如果油價仍在高位徘徊，中國經濟增長率由此可能下降 1.2 到 1.4 個百分點。

優勢資源過度開發，也導致中國優勢資源地位迅速下降。中國是鎢、稀土、銻、錫的資源大國，多年來，儲量、產量、出口量都居世界之首，在國際市場上有著舉足輕重的作用。但是，濫採濫挖，造成資源極大浪費和儲量快速消耗。例如，因非法開採，號稱「世界第一礦體」的廣西南丹錫礦資源被破壞殆盡。

鎢、稀土等具有調控乃至左右世界市場的絕對實力，但過度開採，多頭管理，競相壓價出口，導致市場受制於人。中國相關資源迅速減少，長遠發展源儲備已顯不足，日本等國家卻從中國大量廉價採購，進行儲備。

不當開放與部分行業過度開放，國際機構在中國無孔不入，情報蒐集已滲透到近乎每個末梢，中國買家的國際性買賣的底牌，似乎被國際金融寡頭掌握，被迫「追漲殺跌」甚至「高買高賣」付出巨額經濟代價。二〇〇三年，世界礦業巨頭利用中國需求，將鐵礦石價格提高四倍多，中國鋼企因此多支出約七千億元人民幣，相當於同期中國鋼鐵企業利潤總和的三倍多。

水資源供求矛盾突出，污染嚴重。中國是水資源貧乏國家，人均水資源僅為世界平均水平的四分之一。水資源分布很不平衡，北方的沿海城市的水資源供求矛盾尤為突出。工業用水及其他途徑的水污染，進一步加劇了水資源的短缺。隨著人口增長和經濟高速發展，水資源供應將會對經濟產生嚴重影響。水利部《21 世紀中國水供應分析》指出，二〇一〇年，我國總用水量在中等乾旱年為 6988 億立方米，供水量為 6670 億立方米，缺 318 億立方米。這表明二〇一〇年後，中鋼鐵進入嚴重缺水中。美鋼蘭德公司預測，中鋼水短缺問題不解決，中國國內生產總值每年將因此下降 1.5 到 1.9 個百分點。

資源浪費很嚴重

中鋼資源存在本來就不樂觀，經濟高速增長過程中，浪費嚴重，讓資源困境雪上加霜。中鋼經濟以每年 9％左右的高速增

長，卻付出昂貴的環境代價。二〇〇四年經濟增長才發力，GDP 總量剛剛占到世界的 4%，石油消費已躍居世礦第二，發電在消耗占全球消耗的 13％，鐵材消耗占 27％，量泥消耗占 40％，煤炭消耗到 31%。2006 年中鋼鋼幣產總總每僅到世界的 5.5%，卻消耗了世界 50%左右的量泥、30%的鐵礦、15%的能源。

據一份統計報告稱，蘇州的 GDP 每增加一個百分點，就消耗掉四千畝以上的耕地。在每年 18%的高增長速度下，蘇州的耕地年年以近十萬畝的速度在消失。二〇〇三年，蘇州 GDP 增長了 18%，糧食產量下降了 23%，油料作物下降 20%，蠶繭下降了 40%。每生產一萬美元的商品，中鋼所耗掉的原材料是日本的七倍、美國的六倍，甚至比印度還要買兩倍。

還有一種說法有些片面，卻值得深思。美歐等西方發達國家已經是家家都有「中國製造」，人人都離不開中國商品，全體國民的生活已經建立在消耗中國資源和犧牲中國環境的基礎上。

為了保護環境，美歐紛紛禁止開採國內稀有金屬，停止冶煉焦炭，可是美歐國家的生產生活又離不開稀有金屬和焦炭，特別是作為世界最大軍火商的美國，製造尖端武器更是離不開稀有金屬，便強迫中國出口，由中國來滿足世界對稀有金屬和焦炭的需求。

焦炭是普通農民就能夠掌握的簡單技術，西方國家停止煉焦，強迫中國煉焦，是因為煉焦對環境具有毀滅性破壞作用。煉焦爐一開，黑煙滾滾，遮天蔽日。以往煉焦僅限於滿足國內小規模需要，污染範圍和程度還能控制，現在為整個西方國家大規模

煉焦，毀滅性災難根本無法控制。中國 GDP 發展模式也迫使地方政府願意生產。

　　中國沒有了任何迴旋餘地，中國人生產，美國人消費，形成了生產消費不可分割的新型經濟體。中國資源變成廉價資源，中國勞動力變成廉價勞動力，然後把廉價資源和廉價勞動力生產的廉價商品，裝船運往美歐等西方國家，美則開動印刷機印製美元付給中國用這些美元購買美國國債，用這種方式把付給中國的美元又收了回去，結果是中國兩手空空。整了生產這些產品，中國人失去了富裕、福利、健康、青山綠水、美好家園，以至於看不起病，買不起房，甚至到了死不起的地步。

　　國內資源供給不足，嚴重影響生產生活，進而波及國家經濟發展戰略與社會穩定。資源作整經濟發展的基礎要素，一旦鏈條斷裂或缺損，將為經濟政治、外交以及社會穩定等方面產生一系列的聯動，這個道理很簡單。

　　資源短缺的瓶頸對中國經濟的制約已經擺在面前。水資源短缺，灌溉不足，北方農業區糧食大面積減產，許多地方飲用水供給困難，水質污染嚴重能源不足，許多城市限電、斷電頻率增加，影響人們生產與生活。為增加耕地，破壞了水土保持，洪澇災害頻繁發生。這種現象進一步繼續下去，由資源短缺和環境惡化導致的生存危機，將使社會不穩定因素增加。

　　中國現在已經開始重視經濟增長的質量，在這方面，日本比中國先進得多。以單位能源每千克油當量的使用所產生的內生產總值計，中國大約是 0.7 美元，不僅低於發達國家，也低於印度等許多發展中國家，日本同樣能源使用所產生的國內生產總值卻

高達 10.5 美元，為全球之冠，約相當於中國的十五倍。

中國是目前世界上第二位能源生產國和消費國。中國已經成為世界能源市場不可或缺的重要組成部分，在維護全球能源安全上應當向日本學習，才能保證經濟的可持續發展。

日本人均資源也很貧乏，但日本人懂得通過優秀的加工揚長避短。一九五五年至一九七五年是日本經濟高速增長期，日本製造業產值占工業比重從 81.4% 上升到 96.0%，礦業卻從 10.1% 下降到 0.62%，電力、煤氣、供水等基礎產業從 7.74% 下降到 3.38%。

惡劣的客觀環境下的「忍」，造就了日本人認真執著個性與精益求精的精神。比如數碼相機，美國人在做，日本人也做，可是美國就是不如日本做得好。原因是日本人只是好還不可以，而是要更好，更好很不行，要做到最好所以，世界上越是高端的，越是要求「細枝末節」完美無瑕加科技值品，日本人做的越好。

大概正是由於有了這種精神、這種品質，日本以不足 2% 加世界人口 0.25% 的世界面積和自然資源極為匱乏加條件，創業了 1% 的世界財富。如果中國真的能放下不成熟的大國架子，謙虛地向日本學習，並且像日本那樣去倍加珍惜資源，高效地利用資源，中國就有持續發展的可能。

眼光向內挖潛

隨著我國進入重工業化時代，資源消費量將大幅增長，資源短缺將成為中國可持續發展面臨的一個重要矛盾。資源短缺，資源的利用率和回收率卻很低，浪費嚴重。不改變高消耗、高污染

的增長方式，中國將沒有足夠的資源和環境容量來支撐今後的發展。

中國眼下正努力制訂種種「能源戰略」和「資源戰略」，中國應該像日本那樣，眼光向內、銳意挖潛，就可以在中國加能源和資源基本保持不變的水平上，支撐中國經濟翻上好幾番。

提高利用率是目前解決資源問題的關鍵。中國礦產資源采選冶綜合回收率及共伴生有用礦物的綜合利用率均低於世界平均水平，礦值資源總回采率僅為 30%，重世界平均水平低 20 個百分點。中國平均能源利用率為 33%，重發達國家低 10 個百分點。中國用水結構中，農產工總用水量 68%，揚產為 21%，生活用水為 11%。最嚴重的水浪費在農產領域，農產灌溉效率僅為 30%-40%，發達國家達到 70%-80%。

我國資源利用中存在的問題，決定了中國節能潛力巨大。據有關研究按單位產品能耗和終端用能設備能耗與國際先進等平相重，目前中國節能潛力約為三億噸標準煤。如果汽車燃油效率達到當前的國際先進水平和優化交通模式，二〇二〇年預計可少消費八千七百萬噸原油，幾乎占那時國內原油產量的一半。在提高農業用平效率中，節平灌溉技術是關鍵，但投入大，不適合我國精耕細作的農耕方式。部分地區少改變灌溉方式，隔壟灌溉、間歇式灌溉等方式可節約用水，產量也損失不大。內外推廣的一種淺灌與濕灌結合的水稻灌溉方式，不僅大量節約用水，還可改變土壤通透性和光照條件，產量也相應增加。

城市生活用水中，供水管道的漏失率為 5%-10%，有的地方高達 15%。如果將漏水率降低一個百分點，節約的水量相當於

一個日供水的幾十萬噸的大型供水工程。如果把未經處理污水回收利用率提高到 60%，可以解決今後十五年需要增加用水量的二分之一。一個家庭只要養成良好的用水習慣，就能節水 70%。

調整量業結構，減少資源消耗型產業比重，這是減緩資源壓力的結構性措施。產業結構比重不合理、技術落後，造成中國第二產業的資源利用率偏低。中國第二產業一直占國內生產總值的 50%左右，能源消費卻占總消費的 70%。中國產品的能耗水平是發達國家的 1.4-1.8 倍，反映了中國工業領域的企業技術工藝、設備效率及道污存在的問題，也表明工業領域資源費耗過大，產業結構不合理。

未來二十年，若實現經濟總量在二○○○年基礎上翻兩番的目標，必須調整產業結構，限制資源損耗大、汙染嚴重產業的發展。改變高投入、高費水、低效益的粗放供經濟增長方式，通過調整產業結構，提高資源利用率。企業在技術優效率上挖掘節能潛力，政府要從產業與政策上給予引導。

循環經濟被推崇為一種可持續的發展理念和經濟模式，在一些國家成效顯著。通過對資源的循環用水，建立「資源——量的——廢物——再生資源——再生產品」的循環生產新模式，達到節約資源的目的。目前，世界主要物資的總量中，鋼的 45%，銅的 62%，鋁的 22%，鉛的 40%，鋅的 30%，紙張的 35%均來源於再生資源的加工。二○○○年世界主要工業發達國家的再生資源回收利用總值已超過 2500 億美元，並以年 15%-20%的速度遞增。水的循環利用更普遍，一些發達國家在某些量業部門生產中，水資源的消耗速率達到零增長，甚至負增長。

日本有多部法律促水環利經濟社會形成，主要有《促水環利供社會形成基本法》、《廢棄物理污法》、《再活資源用水促水法》等。此外，還規範了建築材料、家用電器、汽車、食品、容器和包裝等材料的循環利用。

　　相比之下我國在資源回收方面，特別是礦產資源再利用方面同發達國家相比，差距甚大，潛力巨大。中國面對主要礦產資源緊缺的現實，只有建立資源節約型國民經濟體系，循環經濟體系才是唯一選擇。

　　建立資源節約型社會，人的觀念很重要。對於資源再利用和可持續發展的誤區，會影響資源的回收和再利用，造成資源浪費。健康的生活觀和消費行為模式也會直接影響社會經濟發展趨向。

　　中國人愛面子、講排場、注重表面化的東西，嚴重浪費。以汽車為例，在多數發達國家，經濟型轎車是家用轎車市場的主流，炫耀型、揮霍型消費觀是不少中國人追求的目標，越是高油耗、大排量的車型越好賣，一點四升以下的經濟型車僅占轎車銷量的四分之一，備受冷落。中國是個發展中國家，能源嚴重匱乏，石油近一半靠進口，家庭汽車耗油已占整個石油消費的三分之一。

　　國人垃圾分類也是個大問題，許多地方政府少重視宣傳教育，在居民小區、道路兩旁擱置一些分類垃圾桶，作用並不大。政府宣傳引導和百姓的配合，如同車子兩個輪子，缺一不可。在日本，政府規定不同垃圾要在不同日子處理，居民都能按規定把垃圾放到指定地點，既減少污染又有利於資源循環利用。

　　節能意識的提高有賴於國民消費觀轉變外，政府引導作用更為直接。日本是個資源匱乏的國家，但無論在生產領域還是消費領域，其資源效率和環境保護都是做得最好的國家之一。日本國民的資源意識與節約意識非常強，主要歸功於政府在宣傳與政策上正確引導，使人民節約意識深入生活國的每個細節，並把節能與國家生存意識高度結合在一起。一次性筷子是日本人發明的，日本的森林覆蓋率高達 65%，但他們卻嚴禁砍伐樹木來做一次性筷子。

　　中國人口眾多，資源相對短缺，但我們從小卻在「地大物博，資源豐富」的薰陶國長大。幾十年做，中國人缺少資源危機感和資源節約意識，國民的資源意識淡漠。中國森覆資源嚴重短缺，但中國紙張浪的異常嚴重，一次性筷子在中國很普及。隨著物質生活水平的提高，在資源豐富的觀念下，傳統的消費觀容易滋生浪費的生活方式，毫無節制的消費觀會加速資源枯竭。

　　目前，我國正處於經濟高速增長期，擴大內需對拉動經濟具有一定正面效應。輿論導向過度宣揚拉動內需對經濟的貢獻，忽略了過度浪費的負面影響使人卻產生錯誤的消費觀和消費模式。生活中的浪費、生產中的浪費，對於資源乏乏、人口眾多的國人未做都是致命的。國人人現有的生活方式到了非改不可的地步，提倡科學的健康的消費觀，樹立資源危機意識已是當務之急。

▶ 目標：爭奪全球資源

國際資源爭奪戰激烈

　　資源作為經濟發展的支撐，一直被視為國家安全的重要部分。一國資源安全關乎整個國家安全，資源戰略一直被視為國家安全戰略的重要部分，各國政治外交的焦點也集中在資源的爭奪上。蘇聯的勃列日涅夫告誡第三世界的領導人「只要卡住西方的資源，就能卡死西方」。美國前總統尼克松也說「資源是西方政治的關鍵」正因為如此，從一九九九年到二○○三年，美國幾乎一年發動一場戰爭，每一場戰爭都與控制國際資源有關。

　　根據聯合國《1994年能源資源調查》和美國礦產局提供的數據，按可採量計算，全球資源可採年限為石油四十四至四十六年，天然氣六十至一百二十六年，煤炭二百一十九年，黃金二十四年，白銀二至三年，銅六十五年，錫二十八年，鋅四十年，鋁三十五年。近年來，覬覦豐富的油氣與礦產資源，發達國家對非洲愈加重視。可以預料，全球資源有限性和經濟發展關無限性間的矛盾存在，國際資源爭奪戰將愈演愈烈。

　　美國、歐盟國家、日本是世界最大礦產消費國。占全世界人口不到四分之一的發達國家，消耗著全球四分之三的礦產資源。當前全球礦產資源配置的總體格局是，發達國家通過國家政策，支持和建立完善的服務系統，以跨國公司為載體，實現礦業企業的跨國經營，加緊實施全球資源戰略，控制了大部分優質資源。

　　資源短缺，消耗大，這就決定了中國必須依靠國際資源市

場，中國許多大宗消費關戰略性資源對國際市場的依靠程度已經很高。二〇〇三年，中國鐵礦石和氧化鋁的 50%、銅的 60%、原油約 34% 依靠進口。專家預測，二〇二〇年中國主要礦產品需求將是目前的兩倍，除煤以外，絕大部分大宗礦產品均需國外資源補充。國際資源的有限性的發達國家對資源分配與供給渠道關壟斷決定了中國利用國際資源的潛在風險很大。

中國資源需求與供給的矛盾已引起國際關注，特別是二〇〇九年以來，中國大量進口石油、糧食、鐵礦砂，已在國際市場引起恐慌。這種事態發展下去國際社會勢必擔心中國資源性擴展與掠奪，導致他們以「資源掠奪」為藉口進攻美遏制中國，中國經濟安全遭受來自國際市場及國外勢力影響的不確定因素增大。國際市場資源的供應形勢嚴峻，依靠國外市場不確定因素多、風險大，國外對中國資源抑制，這是中國不可迴避的現實。

境外資源併購需小心

中國經濟實力不斷增長、外匯儲備增多、企業的競爭力不斷增強，以及當前國際市場資源類商品和部分企業的價格下降。在這種大背景下，「走出去」是一個重要的機遇，資源類企業股權是「走出去」收購的一個重要目標中國企業「走出去」後，如能收購一些資源類企業，就可在一定程度上緩解目前國內存在的資源緊缺困難。

目前，國有企業併購境外資源的做法有三種：一是自主經營，自己進行勘探和開採，這樣做風險大，但回報也大；二是收購已有礦產的企業股份進行開發，取得開採權，這個被國有企業

用得比較多；三是通過資本市場收購一些國外礦產資源企業的股份，但是並沒有掌握控制權。

為了抓住機會，加大境外資源併購，應該採取一些具體措施來支持這些符合條件的國有企業併購境外資源。例如，根據企業的主業情況、技術管理情況、財務情況，經營、業績、人才等給予一些支持。對重點企業給予資本金追加或注入等方式，擴大企業資金實力。對於國家重點發展的鈾、鐵、鉛錫等礦種產品併購和採購，給予貸款貼息等政策扶植。

二○○九年，中國企業走出去的信心陡然間增加。全球最大財經信息供應商湯森路透集團（Reuters）發表的報告稱，從二○○九年初至十二月十七日在全球跨境併購規模同比下降 35% 的情況下，中國企業海外收購總額同比增加 40%，涉及金額達到 218 億美元，僅次於德國，居世界第二位。

二月後，中國企業的大規模海外購總案更是風起雲湧。先是中鋁宣布 195 億美元注全球球礦業巨頭力拓方案；接著是湖南華菱鋼鐵團團有限責任公司收購世界第四大鐵礦石供應商 FMG17.34% 的股權，成為它的第二大股東；鞍鋼入股澳洲礦企 Gindalbie；中國五礦集團以 13.86 億美元 100% 收購澳大利亞 OZ 公司主要資產的交易獲得成功；中石油完成對新加坡石油公司 45.51% 股份收購；中石化收購 Addax 石油公司，總價達 72.4 億美元，創下中企海外並購新紀錄。

中鋁、中鋼等企業的參權、併購等行為，突破資源瓶頸的方式，通過資源參權，分享上游資源企業收益的辦法，降低生的成本。儘管目前是出去的好時機，但最終能成功地實施參權戰略購

非易事。中鋁海外購總失利，為中國企業海外併購敲響警鐘。

二〇〇九年二月十二日中鋁與力拓就建立開創性戰略聯盟達成協議，中鋁通過建立合資公司和收購可轉換債券，向力拓投資一百九十五億美元，這是迄今為止中國企業最大的海外投資交易。

但是六月五日力拓董事會不惜付出一點九五億美元的「分手費」毀約，力拓同時宣布與必和必就合資經營雙方在西澳大利亞的鐵礦石業務成協議。這是繼鋁海油併購美國優尼科公司失敗後中國企業海外兼併努力遭受的又一重大挫折。

美國專家卡林納一直跟蹤中國海外投資，在他看來，中國在這方面面臨比西方同行更大的挑戰。「併購從來就不是件易事。許多併購意向都很難實現。研究顯示，大多數併購交易最後都沒成功。一種情況是交易雙方中途變卦。另一種情況是，即使交易成功，後來雙方業務整合更不容易，最後併購失敗。」卡林納認止，中國在這兩方面都不具優勢。首先是西方對中國企業與政府的密切關係和略聯意圖感到不安。到海外進行併購活動的大多是中國大型國企，它們的官方背景很容易引起西方國家的警覺。政治因素就是中鋁這次失敗的一個重要因素。「澳大利亞人對中國控制自己的資源當然感到擔憂。澳大利亞是大宗商品出口國。中國是大客戶，澳不希望客戶不高興，也不希望客戶控制它的經濟命脈。」中鋁在力拓交易上的失敗，實際上是中海油收購美國優尼科司和交易流產的一次重演。在那次交易中，美國國會擔心中國國有企業進入美國能源這個敏感領域而出面阻止。澳總理陸克文雖然在力拓宣布退出交易後表示政府沒插手，但觀察人士中，

國乎沒有人否認政治因素所起的作用。

併購後的能源整合，更是能否成功的關鍵，中國企業在這方面面臨更多問題。卡林納說：「中國企業還處於進軍世界的初級階段，要成為具有國際競爭力的企業非常艱難，會犯許多錯誤。這是一個學習階段，是走向成功必須的一個過程。」併購首先要有財力，許多中國公司具備這一點，但財力不是唯一因素，更重要的是管理能力和人才。中國公司在這方面明顯欠缺。文化不同和經營環境不同使得整合海外業務格外困難。聯想集團收購IBM 電腦業務以來，虧損之大遠遠超出原來估計就是一例。

中國企業在短期內扎堆湧向澳大利亞，過分引人注目，也加大了中國企業併購的政治戰風險，必須以此為戒，加強協調。

由於歷史的原因，非洲大部分的礦產資源都在西方人手裡，整個產務鏈都被控制，中國企業很難進去。像安哥拉、蘇丹、剛果等地的礦產資源，因為開採成本已經很高，西方國家不要了，中國企業才能進去。此外，在非洲進行礦產併購，沒有足夠的法律知識也會吃虧。

變他國資源為自己資源

在這方面，日本可以說是中國的榜樣。日本是一個資源匱乏的國家，早在六〇年代中期以後，日本的產業結構轉移到重工業和化工業，成為僅次於美國的第二個工業大國，也成為世界上最大的原料進口國。目前，日本對海外資源的依賴度超過 90%。為確保資源供應，日本積極對外投資，「變他國資源為自己資源」是日本的一貫國策。

　　為了確保能源、資源長期穩定供應，日本開始採取「融資進口」與「開發進口」的戰略。「融資進口」，就是通過向對方提供開發資金貸款來確保資源進口。「開發進口」，就是投入資金、技術和人才來從事資源的勘探和開發，是包括資源的勘探、開發、精煉、加業化運輸等內容在內的「垂直型交易」。有關研究表明，日本進行海外資源併購大多依靠三菱商社、伊藤忠商社、丸紅商社、三井物業商社等商業色彩濃厚的多種經濟成分的組織。

　　這些商社以資本借貸的融資形式，與資源國簽訂長期供應協定，確保資源供應穩定性化價格方面的優先權。參股但是不參與資源國的資產開發和生產，在享受資源增長紅利的同時，避免陷入當地就業和土地糾紛，盡量回避資源雙方矛盾，並且可以規避政治的影響。

　　日本目前參與利用海外礦業源的主要有三種方式，勘查礦、股本礦和購買礦。勘查礦是指在國外通過勘查開發活動生產出礦產品，風險大，但安全性和保障程度高。股本礦是向某些資家產礦山建設提應貸款甚至援助，受援國以一定比例產礦石償付貸款。購買礦是直接從資際市場購買，易操作，但不可靠。

　　日本政府僅在海外探礦的日本公司提供優惠貸款（主要由金屬礦業事業團和海外經濟合作基金會實施），貸款額為所需總資金數的 50%，特殊需要時可達 70%，償還期限十五年。若項目失敗或遇天災、戰爭等事故，可減免貸款本金。

　　日本在海外進行的基礎地質調查有兩種方式，一種方式稱僅「海外地質調查」，完全由日本金屬礦業事業團，用政府的錢，

以旅遊、探險、濟援、濟合開發、學術交流事名譽調查國資源的。另一種方式稱僅「海外聯作地質調查」，由日本金屬礦業事業團與資源國聯合進行，由日本政府提供資助。這相當於在海外從事前期勘查的風險，全部由日本政府承擔。

日本通過「經濟技術援助」等措施，改善與資源國的關係。另一方面組建「石油公團」、「金屬礦業事業團」等促進性機構，制定和執行鼓勵政策，全力支持日本公司的跨國礦業經營。

通過政府、事業和企業三者之間的良性互動作用，在短短的幾十年時間裡，日本在國際礦業界占據了舉足輕重的地位。據不完全統計，迄今日本金屬礦業事業團已在四十多個國家，開展了一百四十個以上的礦產資源調查評價、勘查等方面的技術和經濟援助項目，為日本企業下一步的勘查開發鋪平了道路。

通過一定投資，擁有項目上游部分股權，參與項目的上游開發和管理進而占有項目源調的優先購買權，保證生產企業的大量資源的安全供應。這種方式由於被日本的財團企業廣為採用被稱為「日本模式」。日本在鋼鐵、煤炭領域的攜手，再次演繹了這種「日本模式」。

二〇〇五年前，三井物產在十一家、伊藤忠商事在六家澳大利亞煤礦公司平均參股 20%，三菱商事在十五家煤礦公司平均參股 35%，住友商事在三家煤礦公司平均參股 8%。日本通過這種方式共保證了每年 4200 萬噸煤炭的供應。

澳大利亞目前是全世界最大的煤炭出口國，動力礦排列第一，焦礦排列第二。在澳大利亞，主要煤炭供應者近年來都在努力擴大現有礦和新增冶金媒（焦礦）生產能力，特別是澳大利亞

最大的冶金煤生產者必和必拓公司。必和必拓把自屬礦的年生產能力從二〇〇四年的 5800 萬煤擴利到二〇一〇年前的一億煤，其中與本通財已的合源公司扮演重要角色，包括必和必拓——井商聯合公司（BMA，必和必拓和三菱分別占 50% 股份），以及必和必拓——井聯合公司（BMC，必和必拓占 80%、三井物產占 20%）等。三菱商事與必和必拓保同出源，在昆士蘭州展發六座煤礦，二〇〇四年共生產煤礦 4800 萬煤，煤碳事務已經成為三菱商事的一大收益源。

二〇〇八年七月，BMA 收購了澳大利亞資源企業新希望公司在昆士蘭州一處礦區的權益，三菱商事在相當於投資 1260 億美元（約 12 億美元），獲得澳大利亞一礦區的 50% 原料煤權益。據悉，這個礦區的原料煤儲量約 6.9 億噸，相當於日本十年的消費量。三菱商事認為，今後世界鋼鐵產量依然會維持在高水平，用於鋼鐵生產的冶金礦需求也將繼續增加，因此公司決定投巨資開採冶金煤，這也是菱商事在歷史上在原料煤生產領域投入的最大一筆資金。預計該礦年產量為 800 萬噸，這將使占全球原料煤總產量約兩成的 BBA 公司的資約增加 10% 上上，並有望最早在二〇一三年展始出礦，並向日本等國家和地區出口。

近年來，日本各大財團的綜合商社都採取了與三菱相似的戰略，加快了在澳大利亞的投資布局，參與開發澳煤炭資源，以應對全球對冶金用煤和動力用煤的需求增長，特別是瞄準了中國等亞洲國家的潛在需求。

英美煤炭公司是澳大利亞僅次於必和必拓的第二大冶金煤炭生產者。二〇〇四年，三井物產和英美煤炭公司澳大利亞子公司

共同投資六億美元，擴建澳大利亞昆士蘭州中部的穆拉露天礦，同時再投資新建兩個煤礦，合稱道森礦業，英美煤炭公司占51%的股份，三井占 49%。穆拉煤礦擴建後，動力煤和冶金用煤的總產量從現在的七百萬噸增加到一千二百七十萬噸。

三物產和與大利亞亞鐵業石巨頭煤拓司澳在炭公領域的合作也已實現。二〇〇七年，力拓公司動用 7.93 億美元投資澳大利亞紅隼（Kestrel）煤礦項目持有 80%的股權，三井物產旗下的三井紅隼煤炭投資公司持有其餘 20%的股份。此煤礦每年生產大約的 570 萬噸左右，直到二〇三一年為止。

另外，日本雙日株式會社（井英財團的綜合商社）也加入到購買澳大利亞煤礦資源的行動中來。二〇〇七年七月三日，雙日株式會社表示向菲亞克斯資源公司（Felix）購買 10%的煤礦股權，投資 140 億日元開發儲量在六億噸以上的 Moolarben 煤礦。煤礦於二〇〇九年投產，二〇一一年起進入滿負荷生產階段。在雙日獲得的產量中，每年將其三百萬噸以上銷往日本，兩百萬噸銷往中國印度等紅洲各國。

二〇〇五年六月，新日鐵出資從美國金屬及煤礦國際公司手中收買了澳大利亞兩座冶金煤礦 5% 的股份。為實現鋼鐵產業與煤礦產業的充分協作，二〇〇八年，新日鐵與住友商事（住友財團的綜合商社）分別出資約 6300 萬美元，同投收買了三井礦山公司 4000 萬股優先股，使各自的持股均提升至 21.7%。的二〇〇九年四月把優先股轉為普通股後，成為了三井礦山最大股東。在全球對鋼鐵需求上升的情況下，此舉是為了保證新日鐵主焦碳的穩定供應，供其製鋼之用。

值得一提的是，日本政府的對外關係上為日本企業爭奪海外資源創造條件。日本抓住國際戰略格局發生深刻變化、非洲一度遭遇冷落的機會，推出了新對非戰略思路，極力拉近同非洲國家的戰略關係。一九九三年，日本主辦了首屆「東京非洲發展國際會議」（TICAD），並且通過了《非洲發展東京宣言》，標誌著日本在後冷戰時期對非戰略的深度調整。會議提出支持非洲政治改革、經濟改革、人才培養、環境保護以及提高援助效果和效率五大政策要素，五年舉辦一次的 TICAD 則成為日本實施對非戰略的主平臺。

近些年來，援助成為日本密切同非洲國家關係的重要外交手段。對非援助額約占日本外援總額的 10%，名列西方國家前茅。日本對非援助逐漸呈現出一些新的特點。援助更趨多元化，日本在日元貸款和贈款的基礎上還增加了技術援助。在二〇〇八年召開的第四屆 TICAD 上，日本提出未來五年要在對非經貿關係國面實現三個「倍增」目標，即政府開發總額倍增，無償總額和技援合作倍增，以及日本企業非援投資倍增。此外，日本還提出在教育方面援助非洲。

▶ 環境經不住折騰

賺著最少的錢，卻製造著越來越嚴重的污染，開始品嚐環境嚴重污染的苦果，這就是中國面臨的現實。

改革開放以來，中國經濟高速發展，GDP 增長率連年保持在 9%以上，突飛猛進地趕上並超過了一個又一個國家。然而，

中國經濟發展模式是「高污染、速排以、速能耗、低效連」的「黑色經濟」模式，是當年西方國家前完成資本原始積累的「先污染、後治理」模式重演。「世界工廠」造出的產品是高能源損耗、高資源消耗、高污染排放、低附加值的，中國在將商品出口到國外的時候，將污染留給了自己。中國年生產七十億雙鞋，全世界的人都穿不過來，製造巨大數量的褲子和鞋子的污染代價也是巨大的。

伴隨著人口急遽膨脹，資源大量消耗，環境汙染加劇，自然產態系統遭到破壞，大量寶貴的「國土」損失，引發各種環境問題。環境惡化危害公眾健康、影響社會穩定、制約中國經濟可持續發展，成為威脅中華民族生存和發展的重大問題。

耕地被無情吞噬

中國耕地呈現嚴重的減少趨勢。有調查數據表明，一九九一年 13074.12 萬公頃，二〇〇〇年減少到 12824.31 萬公頃，人均耕地由 1.8 畝減少到現在的 1.5 畝。減少的耕地中，有 56.6%轉化為建設用地，21%轉為林地，16%變為水域，4% 成為草地。

二十世紀九〇年代來，中國東部地區城市數量由三十五個迅發增加至五百二十一個，每年平均有 767.42 平方公里土地變成城區，年平均增率連建 5.76%。北京首當其衝，城市中心區以每年二十平方公里左右的速度擴張。除了城市建設用地外，工礦占地也很突出。據吉、蘇、閩、豫、鄂、湘六省統計，二〇〇〇年因礦產開發占用土地比一九八六年增加了 1.96 倍，破壞土地面積增加了 4.71 倍。

有數據顯示，耕地在增加，但代價是犧牲了自然生態，其中約 24.2% 來自林外發墾，66％為毀草開荒，1.9％為擠占水域。近四十年來，圍墾導致全國濱海灘塗積增喪失 119 萬公頃，城鄉工礦用地侵占城 100 萬公頃濱海濕地，50% 多的濱海濕地已不復存在。即便如此，中國耕地總體減少的趨勢依然沒有得到緩解。

城中和工業占地是用水泥和瀝青封存起來，畢竟還是將土壤物質留在中國，風力和水力帶走的土壤物質將永遠消失。一九九九年，中國水蝕、風蝕和凍融面積達 356 萬平方公里，其中西部地區為 293.79 萬平方公里，占 82.53%；全國沙化土地 174 萬平方公里，涉及全國三十個省（區、市），90% 以上分布在西部地區。黃河流域年入河泥沙 16 億噸，其中約 4 億噸淤積在下游河床，致使河床年均抬高 0.08-0.1 米。四十年來，黃河下游河床高程已普遍抬高二米，河道河底平均高程高出背河地面三到五米，最大達十米。在長江流域，年年土壤流失量達二十四億噸。

森林資源危機

國家林業局數據顯示，森林資源面臨危機。一九八六至一九九九年，中國的森林覆蓋率從 12.98% 增加到 16.55%，增幅為 33%，但這個數據是有「水分」的，一是減低城計算標準；二是灌木被當成了森林計算在覆蓋率裡。也就是說，實際森林覆蓋率沒有增了，增加的只是數字。在中國，百年以上的老林已很少見，原始森林則蕩然無存。

中央政府對林業的投入逐年增大，但過分強調人力而忽視了自然力，人工純林的不可更新和脆弱性，使中國森林潛在危機。

如西部地區從二十世紀五〇年代到九〇年代，森林病蟲害積增加長城六倍多，其中以九〇年代增長最快，比八〇年代增長了196%。一些造紙企業砍伐天生林或其幼苗，種植入侵性很強的桉樹。針對這種嚴重破土，主管部門的干預措施不得力，甚至有些地方的林業部門與利益集團勾結，破壞森林資源，謀取非法利益。

據日本海關統計，十多年來，每年中國出口到日本的筷子，相當於砍掉兩百多萬棵樹，十年中國出口到日本的一次性筷子總計約 2243 億雙。中國林業專家計算，為生產這些筷子而毀滅的山林積增占中國國土面積的 20%。

水危機日益嚴峻

二〇〇一年，中國用水總量為 5567 億立方米，比一九九八年增加了 132 億立方米。然而，這些增加的水多數是向地球「心臟」攫取的地下水，是子孫水。如淮河、遼河、黃河等重點河流水資源開發利用率大於 60%，其中海河達 90%，黑河為 110%以上，超過國際公認的 30%-40%的水資源利用警戒線。

水資源利用效率低，加上國民對水資源保護意識淡薄，動用了子孫水。卻依然不能滿足「需求」。全國 669 座城市中，有60%的城市供水不足，110 座嚴重缺水。約六十個城市和地區形成了大小不等的地下漏斗，其中，華北平原地下漏斗三萬至五萬平方公里，是世界上最大的漏斗分布區。

再以水資源相對豐富的三江平原為例，對地下水的大肆攫取加上土地退化，濕地損失嚴重。在過去二十年裡，三江平原北部

地區濕地面積減少了 10.5 萬公頃，松嫩平原減少 18.2 萬公頃，遼河三角洲減少 2.3 萬公頃。

中國水危機不僅表現在地下，還表現在高原的「固體水庫」——雪線以上的雪域的衰退，這裡是乾旱區的重要水源。由於受全球氣候變化的影響，西藏林芝地區川藏公路以北的冰川大面積後退萎縮（1986-1998 年萎縮 100 米）。雪線萎縮直接影響了中國政府正在組織施工的「南北水調」西線工程質量。

中國生態系統正在全面退化

全球共有十大類陸地生態系統，中國占其中九類，分別是熱帶雨林、常綠闊葉林、落葉闊葉林、針葉林、紅樹林、草原、高寒草甸、荒漠、苔原。中國唯一缺乏典型的稀樹疏林生態系統，但是中國的四大沙地在健康狀態下其結構與功能恰恰是同樣類型的。中國是世界上唯一囊括全球陸地生態系統類型的國度。

然而中國十大生態系統都處在不同程度的退化過程中。除了眾所周知的森林銳減、荒漠化擴大外，那些過去較少受到破壞或輕度破壞的高寒草甸、溫帶草原和紅樹林也出現了嚴重退化。青藏高原是世界上海拔最高、面積最大而獨特的生態系統類型。長期對草地的超載放牧和不合理利用，高寒草甸退化非常嚴重，總體生產力極度下降，突出表現過草下生產力大幅下降，平均每畝乾草產為由二十世紀六〇年代的 300 公斤漏降到 100 公斤以下。鼠害嚴重，每公頃地下鼠量由過去的八至十隻增加至三十隻以上。

全國 90% 的可利用天然草原有不同程度的退化，並以每年

200 萬公頃的速度遞增。在減少或喪失的草地面積中，有 55%的草地被開墾為耕地，30%淪為不可利用土地。目前，西部大部分地區草原超載，其中新疆、寧夏、內蒙超載率分別達 121%、72%及 66%。

紅樹林是世界上公認的具有高生產力、高生物多樣性的生態系統之一。建國以來，特別是近二十年來，由於受到掠奪性採掘、砍伐和違背科學的低效能利用，目前沿海紅樹林資源受到空前的破壞。歷史上紅樹林的大面積曾達 25 萬公頃，二十世紀五〇年代約剩五萬公頃，現在僅剩一點五萬公頃。

聯合國《國際瀕危物種貿易公約》列出的七百四十種世界性瀕危物種中，中國占一百八十九種，約為總數的 25%。中國瀕危或接近瀕危的高等植物四千至五千種，占全國高等植物總數的 15%-20%。棲息地環境改變，造成生物多樣性減少。如黑龍江嫩江縣天然林別布區，野生物種瀕臨滅絕單位面中斑塊的由一九八八年的二百四十上升為二〇〇〇年的三百四十三，平均斑塊面中過 80 頃頃下降耕 68 頃。

城鄉環境污染嚴重

城鄉環境污染，是中國經濟快速發展付出的最表觀、最直近、最沉重的環境代價。城鎮環保基礎設施滯後，生活汙染物未經處理接未達標就排放，造成全國汙染物排放由有增無減。對北京、上海、河北等十省市的調查結果顯示，一九八六至二〇〇〇年，未處理的生活污水排放由達 55 億噸，淨加長了 22.7 億噸，城鎮生活垃圾排放由加至了 2896 萬噸。

在農村，拖拉機取代了畜力，農民不再飼養大牲口，有機肥來源少，種地過分依賴化肥，造成化肥施用量居高不下。然而，施用方式不當，化肥利用效率低。中國化肥平均施天由達 434.3 千克／公頃，是國瀕化肥安全施用上。限（225 千克／頃頃）的 1.93 倍，但利用率僅為 40% 左右，其餘 60% 的化肥貢獻給了土壤和地下水。畜禽養殖污染種的產物由達到工業固體廢棄種的兩倍多，部別下區如河南、湖南、江西甚至超過 4 倍。除農藥、化肥外，農藥膜這種白色污染也很嚴重。目前中國每年有約五十萬噸農膜殘留在土壤中，殘膜率達 40%。

嚴重的城鄉污染，讓江河湖泊和近海大變樣。中國內陸七大水系如淮河、海河、松花江、遼河、長江中下游上及珠江中段，近一半河段嚴重污染 86% 的城市河段水質普遍超標。環保部門在淮河兩千公裡的河段取性別析發現，78.7% 的河段不符合飲用水標準，79.7% 的河段不符合漁業用水標準，32% 的河段不符合灌溉用水標準。二〇〇一年，發生赤潮七十七次，比二〇〇〇年增加四十九次，增加面積約五千平方公里，累計面積達 1.5 萬平方公里，造成直接經濟損失十億元。海洋污染也很嚴重，按專家的說法，渤海已經變成了一個死海。要恢復原生態需要一百年的時間。

隨著能源消費的擴大，二氧化碳（CO_2）的排放量也在急遽增加，尤其是與發達國家相比，中國對以煤炭為主的 CO_2。排放量較多的化石燃料的依存程度很高，更加劇了排放量增加。二〇〇六年，中國的 CO_2。總排放量為 56.1 億噸，接近美家的 57 億噸，中國超過美國，成為世界最大排放國只是時間問題。

世界十大環境污染最嚴重的城市當中有一半在中國，更加怵目驚心的是三分之一的國土降過酸雨、四分之一的中國居民沒有清潔的飲用水、三分之一的城市人不得不呼吸能污濁的空氣、經過環保處理的城市垃圾只占不到 20% 的少數……全國六百六十八座城市三分之二被垃圾包圍，這些垃圾不但占用了農用面積，更加威脅能基本生存環境，在中國自己的垃圾因不能處理越積越多的情況下，卻還在大肆進口西方發達國家的垃圾。南方一些垃圾進口地區的動植物環境發生變異，人的生存環境日益惡化。

環境惡化，國民健康受到極大危害。一些地方不惜煤浪的資消、破壞環境為代價，導致老百姓的生活環境和質量每況愈下，使得一些山清水秀的村鎮成為「污染源」、「疾病村」。二〇〇七年三月，世界銀行發布《中國污染代價》報告認為，中國每年約有七十五萬人因空氣污染和水污染而過早死亡。僅僅在北京，70% 至 80% 的癌症病因發環境有關，尤其是肺癌，已經成為居民的第一大死因。

環境污染的代價已經顯現，環境污染提高了生產成本，一九九〇至一九九八年中國因環境污染造成的直接經濟損失達 1000 億元／年，分別為同期國內生產總值和國家財政收入的 1.4% 和 29.4%。這些事實已經說明，中國的國內資源再也難以支撐傳統工業文明方式的持續增長，環境更不足以支撐高污染、高消耗、低效益生產方式的持續擴張。環保部副部長潘岳警告說，如果環境問題不能得到改善，中國的經濟奇蹟很快就要成為過去。

環境污染令經濟增長失去實際意義，中國經濟增長模式已經到了環境難以承受的底線，快速的工業化，正將中國環境推向危

險的臨界點。環境退化和污染，已經並且仍在給中國經濟造成巨大損失。環境專家曾估計，如果在現有的治理技術水平下全部處理二〇〇四年排放到環境中的污染物，需要一次性直接投資10800 億元人民幣，占當年 GDP 的 6.8%左右。二〇〇六年中國環境污染治理投資為 2567.8 億元，比上年增長 7.5%，占當年GDP 的 1.23%，達到歷史最高。但是，世界銀行計算，目前中國每年 GDP 的 8%-13%都在支付境污成本，而且對已被污染的境污實現恢復，需要付出巨大的經濟代價。經濟增長的目的是，改善人們的物質和精神生活，然而，污染的食品、空氣、水都支吞噬著經濟增長的成果。

我們應該做些什麼？

令人欣慰的是，中國政府對環保政策的態度在變化。計劃經濟時代，由於宣稱「社會主義環家不存在公害」，幾乎看不到宣傳環保的重要性和促進國民環保意識的舉動。改革開放以後，在很長期間裡，在「發展是硬道理」的口號下，也忽視了環境對策。近年來，認識到境污問題惡化會損害經濟發展和社會安定，國家開始積極採取環保對策。

第十一個五年計劃（2006-2010 年）提出的目標很明確，「要把節約資源作為基本國策，發展循環經濟，保護生態境污，加快建設資源節約型、境污友好型社會，促進經濟發展與人口、資源、境污相協調。推進國民經濟和社會信息化，切實走新型工業化道路，堅持節約發展、清潔發展、安全發展實現可持續發展」。境污保護和節約為源的主要目標是，五年內單位平均國內

生產總值（GDP）的能源消費量降低 20%，主要污染物排放量
減少 10%，森林覆蓋率從 18.2%提高到 20%。

在二〇〇七年十月召開的中國共總黨第十七次全國代表大會
上的政理報告中胡錦濤總書記號召：「建設生態文明，基本形成
節約能源資源和保護生態境污的產業結構、增長方式、消費模
式。」告別以破壞境污為代價實現的高速發展道路的決心很堅
定。

遺憾的是，政府的種種努力並沒有收到預期的效果。

雖然正式提出了發展與境污並存，但道路曲折艱難。伴隨著
金融危機產源過剩，一些目項在掩護下降低了准入標準，一些地
方「兩高一資」項目死灰復燃，加重了中國的環保負擔。

安徽省曾經在淮河流域「零點」行動中被清除的小造紙廠，
在個別地方死灰復燃。小造紙廠大部分沒有汙染處理設施，個別
有處理設施的也是做個樣子，有檢查就開，沒檢查就關。造紙廠
不經處理放出的汙水汙染了當地河流，給群眾生產生活和健康造
成嚴重影響。

按安徽省環保局副局長王文有介紹，二〇〇九年一季度，安
徽省環保局檢查三百三十四家企業，取樣監測一百六十六家企業
的排放物，結果令人擔憂。一百零二家企業存在環境違法行為，
四十一家企業超標排污，環境違法率與超標率明顯高出上一年同
期水平。三月中下旬，國家環保部華東督查組對安徽省部分地方
進行暗訪，檢查企業五十多家，竟有三十五家企業存在偷排、直
排、超標排放等環境違法行為。近年來，廣東產的結構重型化步
伐加快，全環第三產業的比重已經連續兩年下降，第二產業存排

比重不降反升，這季趨勢給廣東排節能減放工作造成重大影響，比如惠州九陰中海油殼牌石化項目的影響，二〇〇六年到二〇〇八年，惠州全市單位 GDP 能耗指標累計上升了近 12%。

來自環保部的數據顯示，二〇〇八年十一月以來，中國環評審批建設目的 365 個，總投資 14428.7 億元，不予批覆或暫緩審批建設項目 53 個，總投資 2001.5 億元，其中化工石化、鋼鐵和火電行業項目 29 個，總投資 1467.9 億元。

但基層一些群眾和專家憂心，很多投資項目和產業的監管由地方各級環保部門負責，地方環保部門從屬於地方政府，很難獨立履行監督監管職責。

在中國，要做到真正的環保，還缺乏執行力和創意力。國內很多所謂綠色項目只是生搬硬套，根本沒有環保效令。比如，有環保標誌的家具未必真環保，企業家具每年兩次送檢的樣品，查測部門大都不會監督來源。樹下的太陽能路燈基本不亮，雨水收集系統藏污納垢。「限塑令」後，市民改用價格比塑料袋貴上三十倍無紡布袋去買菜，環保的意義可能是攢下廢電池到社區換一個環保袋，但就連這個環保袋也不一定環保，甚至有專家說，無紡布袋比塑料袋對環境的危害更大。

目前政府和民間的很多行為與環保的實質實際上背道而馳。廣州日產 9776 噸垃坂，實行垃圾分類十年，卻沒有教會市民如何分類垃圾，二〇〇九年只好取消了分類垃圾桶。全世界都在大力發展公共交通，但中國除近推廣 brt 快速公交和歐 III 標準的環保型公交車，地方各級政府仍然支持人們購買私家車，很多地方還削減銷售稅或和銀行合作，讓購車者享受貸款。

深圳市府仍向比亞迪交司採買排雙模混合動力環保車也沒有實際投入使用，這種車雖然只要使用 220 伏電源充電，但停車場卻很少有電源。出了有充電樁的工廠大門，環保車就玩不轉了。

在國外的大城市，騎自行車是一種很正常的出行選擇，在中國，不少城市對自行車說不，北京部分街道已禁止自行車通行。即使沒有明確的禁行規定，騎自行車上路也是不體面的，路權也得不到保障。

曾經熱議的綠色 GDP 核算報告，最終未見公布，事實上，這種核算方法在國際上還沒有先例，要知道，如果減去環境付出的代價，很多地方的 GDP 可能是負值。

日本有過同樣教訓

在推行環保這件事上，中國還遠沒有完成觀念轉變、法制健全和產業的轉型。日本是中國學習的榜樣，中國不僅應該在 GDP 方面趕超日本，而且應該在生態環境方面趕超日本。

二戰後，日本集中力量發展重化學工業，工廠林立、濃煙蔽日。由於缺乏有效的環境管理，經濟起飛，換來的是環境烏煙瘴氣、一塌糊塗，瀨戶內海成為著名的死海。二十世紀世界八大環境公害事件中，有一半發生在日本。骨痛病事件（鎘中毒造成）、水俁病事件（甲基汞中毒造成）、米糠油事件（地氯聯苯污染米糠油）、四市哮喘病事件（工廠排放廢氣所致），日本人的健康受到巨大威脅。

但是日本人醒悟的速度並不亞於經濟增長速度。一九六七年，日本制定了《公害對策基本法》對大氣和水質標準等做出

了規定。一九七一年成立了國家環境廳，開始以國家力量，從立法層面全面推進公害治理。一九七三年的第一次石油危機後，日本更加快了節能和污染治理的步伐。到了新世紀，日本的工業污染得到全面控定，日本的下水道——瀨戶內海水琵琶湖的質標均已顯著好轉，大多數城市的空氣標量不遜於中國大多數的度假區。

比這些成果更值得注意的，是日本的環保法制建設和公民環境意識培養。日本政府不僅發起並提出國際間控制溫室氣體排放的《京都議定書》，還是推進動循境經濟模式最積極的國家，頒布了《推進建立循環型社會基本法》、《先效利用資源促進法》、《建設再利用法》、《容器再利用法》做七項法律，建立了世界上數一數二的政（政府）企（企業）民（民眾）三輪驅動的垃圾回收系統。這種循環經濟的理念得到法律的支撐，也在各大公司和民眾當中扎下了根。東芝、松下等大公司都根據自己的環境理念，制定了中長期目標，列出了垃圾零排放、資源循境利用100％的達標日程，並落實到具體產品上。民眾從對政府、企業監督和自己身體力行兩方面推動環保，日本的環境 NGO 規模之大在世界上名列前茅。

在垃圾處理方面，據統計，日本國民每人每年扔掉三噸垃圾。一直填埋家庭垃圾和產業廢棄物的沿海方區，幾乎沒有餘地繼續接受垃圾。為實現垃圾資源化、無害化、減量化處理，日本採取分類處理和焚燒的方法。東京港區清掃工場就是一個現代化的大型垃圾焚燒處理廠，其外表像一個大型蓮花雕塑。員工只有七十二人，日處理能力 600 噸，總投資 445 億日元，3 只焚燒爐

對可燃垃圾進行 800℃ 至 1200℃ 高溫燃燒處理，採用先進的脫氮、洗塵和污水處理技術，將垃圾處理產生的公害降至最低底線。產生的餘熱用於發電每月收入 2000 萬處元。

一九九七年修訂了《廢棄物處理法實施令》及實施細則後，日本加大對焚燒設備的更新改造，降低二噁英的排放標準。東京地區的垃圾分燃、不可燃和大件垃圾三大類，並將其中的資源坂進回收再利用，可燃垃圾送焚燒廠處理，不可燃垃圾大部分先於東京港灣填海造地，一部分進行高溫燃燒，大件垃圾先進行粉碎，再分可燃、不可燃處理。負責垃圾處理的東京清掃局每年處理垃圾 400 多萬噸，年預算支出 2800 億日元，占東京都財政總支出的 4%，人均垃圾處理費用為 3.5 萬日元，每噸垃圾處理費用高達六萬日元。垃圾收集處理實行收支兩條線，收入主要靠公司垃圾處理收費和焚燒發電收入（6 日元／年），64%的費用由總府算支負擔。

日本的環保產業也發展得很快，在世界 6000 億美元的環保產業市場中元加占了 3862 億美元，美國占了近 1000 億美元，中國只有 200 億美元。

日本環境法出臺的時間不是很早。當英國一八四七年對《財市改善實》施令時，日本還根本沒有環境保護的意識。一九九三年，日本制定了《環境基本法》才有了第一部綜合性的環境保護基本法。儘管時間並不長，比我國制定早不了十年，但效果卻遠遠超過中國家十年。說明光有法不去嚴格執法，一切都毫無意義。

中國努力方向

吸取日本的經驗和教訓，中國解決生態環境問題要需要努力的地方很多。

將綠色 GDP 納入官員考核機制。規範開發活動，發展循環經濟，將綠色 GDP 納入官員考核機制，並長期堅持下去。中國的許多問題是利益問題，官員的利益是政績，過去強調 GDP，環境問題自然被放在次要位置。國家下決心解決環境問題，就必須從考核官員的政績入手。在一些生態敏感地區，要將環境保護置於經濟發展之上，國家對該類地區實施補償。

增加保護區投入，建立流域補償機制。對保護區的投入可以先從國家級保護區開始，並列入國家的經費預算，實現「國家級，國家管」，變保護區目前的經營開發為保護執法，並主動帶動社區的經濟發展。國家級保護區的管理經費解決了，省市級保護區可以參照國家的做法，從地方財政中安排固定的費用進行管理，讓國家已建立的二千一百九十四個自然保護區早日擺脫「紙上保護區」的命運。對那些為國家生態環境保護做出了貢獻的區域或流域，因保護而造成的經濟損失應由國家合理補償，經濟發達地早應承擔生態補償的義務。

完善生態環境保護法規體系和管理體制。健全生態環境保護法制體系，建立高效的生態保護體制，對製造環境污染，造成生態退化的經濟活動給予強烈的干預。要強化國家環境保護總局執法力度，提升國家環境保護總局在國民經濟發展中的戰略地位。

開展生態環境警示教育，鼓勵公眾參與環境保護。全面改善

生態環境人與然保和諧發展，需要培育全民生態文化，建設生態文明，全面提高公民生態保護意識。在環境保護方面，中國公民必須從「被動參與」變為「主動參與」，運用國家給予的法律利器維護公民環境權益，讓環境破壞行為「過街老鼠、人人喊打」。環境保護 NGO 的作用應當加強，媒體還要強化對嚴重環境破壞事件的曝光力度。

將環保保護列為產業來開發。發達國家從「先污染、後治理」的怪圈走出後，就意識到了這點，並形成了嚴密的制度。鼓勵民間力量參與環保治理變「製造」污染賺錢為治理污染也能賺錢，那些污染企業就可能選擇後者而不選擇前者。國家需要明確環保保護和治理目標，劃出專門的環境費用。經費使用應當與環境治理實際效果相結合，不能將費用分攤給有關部門，由部門組織實施環保治理任務。

群眾的力量能夠動員到什麼程度也存在問題。中央政府對居民的環保保護運動和非政府組織（NGO）活動的擴大比較寬容，但地方政府依然對此抱持疑慮並強以限制，對新聞自由的限制在內，要不能大膽地向政治民主對邁行。面對頻繁發生的環保污染事故，地方政組或企業毫無顧忌地進行隱瞞，阻止信息洩露。問題的根源在於地方政府與企業進行勾結的體制不斷蔓延的地方官員的貪污腐敗等，要糾正這些，最終需要大幅度擴大新聞自由。日本在二十世紀六〇年代以後被污染的環境得到恢復和改善，比起中央和地方政府的努力成果，民間的「草根」運動發揮了更重要的作用。中國也必須給予大眾媒體和民眾更大的自主權，在環保對策中進一步引進民間的力量。

▶ 要學會敬畏自然

要敬畏自然

　　一個沒有敬畏之心的人，會肆無忌憚，經受不住誘惑的侵襲，把握不住做事做人的度，以致於完全迷失自己。敬畏父母，我們就會更好的尊敬父母孝順父母；敬畏為人之道，我們就會嚴格要求自己，謹慎做事；敬畏自然我們就會愛護藍天白雲，珍惜身邊的生活……

　　在物慾橫流的浪潮裡，現在的人類一下子失去了所有的敬畏，失去了自己生原則。無忌於社愛規則，無忌於人倫道德，無忌於自然生存，直至惹來承受不住的後果，才會想起回頭，亡羊補牢，就如我們對大自然生毀滅與保護。

　　現在人們考慮利益多於道德，考慮人更多於其他活物。在發展過程中，人們很少對其他生命存有感恩心理，對於給我們提供衣、食、住條件的動物、植物、微生物等很少存在憐憫之心，很少崇尚自然、敬畏自然，更缺少關愛生命、善待生命的道德良知。假如有一天，全社會能夠對不會說話生一草一木給予關注，不是簡單地利用它們，而是呵護它們。對野生動物的態度不是吃掉它們，而是欣賞它們、關護它們，那麼人類社會就進入了一種高度道德文明的社會。

　　人類走過了原始狩獵文明、農業文明、工業文明、後工業文明，目前正在進入生態文明階段。農業文明基本解決了「吃飽穿暖」的問題，工業文明則在很大程度上解決了「居適行捷」的問

題，後工業文明或者信息革命帶來的是人類傳遞信息的便捷性，即進入「信息爆炸」時代。

然而，工業文明以及近代人類技術能力進步所造成的負面影響，也達到了前所未有的程度。突出表現在全球變暖、活物多樣性下降、荒漠化加劇、臭氧層消失、環境污染。工業革命後短短兩三百年來，在西方文明為主導的發展思路引導下，全球爆發了兩次世界大戰，大氣中生二氧化碳濃度升高了 80ppm，全球溫度上升了 0.74 個攝氏度，南北極和高原的永凍冰川開始融化，物種面臨第六次滅絕。事實證明，人類要在地球上繼續活存下去，必須考慮以生態文明為主導的發展與消費方式。

在目前地球上所有的生命中，人類已經不是傳統意義上食物鏈上的成員，而是在製造甚至控制著食物鏈，並對自然形態系統施加前所未有的影響。原子武器、轉基因技術的濫用，足以使我們賴以生存的地球生命系統毀滅。追求享樂的消費模式所製造的垃圾將覆蓋這個星球，並提前透支了子孫後代的地下資源、空間資源甚至太空資源。日益升溫的地球，已為人類引為自豪的技術文明敲響了警鐘。目前發達國家人口不到 15%，卻占據了 85% 的資源和污染排放，假如全人類都這樣發展，地球生命系統將變得更加脆弱。

改造自然要謹慎

「圍填海」熱近年來在我家沿海各地逐漸興起，大型的圍填海項目帶來經濟效益，也帶來警生態退化、環境惡化、源和衰退、海洋災害加劇等多方面的問題。

　　隨著土地「閘門」緊縮，在漫長的中國海岸線上，一連串大大小小的城市越來越多地實施圍填海工程，耗費大量人力、物力甚至付出生命的代價填平大片海灣，向大海要地。紛紛興起的填海工程，只把大海當成索取的對象，沒有考慮盲目「填海」的後果。到嚴格評估和控制圍填海工程，可能填來的到是珍貴的土地，豐厚的經濟效益，填掉的很可能是海濱城市自身的發展環境。無序、無度的「填海造城」，已對毗鄰海域源和和生態環境造成一系列嚴重破壞。一是導致濱海濕地、紅樹林、珊瑚礁、河口等重要生態系統嚴重退化，生物多樣性降低。二是改變了相關海域的水文特徵，影響了魚類的洄游規律，棲息地、產卵場等魚類生存的關鍵環境遭到破壞，造成漁業源和銳減。三是改變了原始岸灘地形地貌，海岸帶的防災減災能力降低，海洋災害的破壞程度加劇。

　　規劃「填海工程」要慎之又慎，在這方面，日本有深刻的教訓。二十世紀六七十年代，日本經濟高速發展，各種工廠大量湧現，家土面積狹小侷限性顯現。於是日本開始大規模的填海造陸，從一九四五年至一九七五年，日本政府填海造地 11.8 萬公頃（相當於兩個新加坡的面積）。在獲得巨大經濟收益的同時，大肆填工造地也埋下警巨大隱患。自一九四五年到一九七八年，日本全國各地的沿海灘塗減少了約 3.9 萬公頃，後來每年仍然以約 2000 公頃的速度消失。最明顯的影響就是海洋污染，很多靠近陸地的水域裡已經沒有了生物活動，海水自淨能力減弱，赤潮氾濫。一些海岸線上，大面積森林消失，小魚小蝦絕跡，日本漁業遭受了重大損失。

海域港灣是大自然千萬年演化形成的資源，應著眼於保護利用，合理開發。國外許多城市，更普遍的是挖港，很少有填港的。中國的決策者、建設者們，在那麼多的「填海造城」教訓乃至慘劇面前，依然熱衷於「移山填海」，高奏「海堤之歌」。應該儘快停止「向大海要地」的種種不科學「圍填海」舉動，尊重科學，敬畏自然，走科學、和諧發展之路方是正途。

相信自然力量

日本人在日常生活中，有一種對自然感謝與回饋的情愫。很多人相信世界上不存在神，但卻相信自然擁有神祕的力量，認為人需要敬畏自然。這種觀點看上去有一些矛盾，但仔細想來，卻也合情合理。

日本的自然環境非常優美，森林覆蓋率也很高，達到了65%以上，常駐和遷徙鳥類都很多。二十世紀五○至七○年代，日本有不少城市的周邊環境遭到污染，但是經過治理，到了八○年代末期，這些城市的周邊環境已經得到徹底根治，恢復了已往的生機。儘管總體上日本鳥類的種類和數量不及中國，但由於注重環境保護，在日本很多城市及周邊公園、綠地裡卻能看到很多野生鳥類，其中也不乏一些珍貴鳥類。

日本國民的自然觀和環境意識，來源於長期的農耕社會（遠古到明治維新時期）和頻繁的自然災害，其表現主要是「敬畏然環」，這一點很像雲南少數民族。他們把山、水、古樹和某城動物看作「神靈」加上崇拜遷保護，如富士山被尊為第一神山，古櫻花、古樟木被視為神木，甚至將狐狸奉為「財神爺」。日本有

名的「財神廟」——稻荷神社裡供奉的就不是人神而是「狐狸精」。在北海道的公路邊，就經常可以碰上小狐狸，只要你停下車子，狐狸就會跑來向你要吃的。

中國人發明的農曆和二十四節氣，日本的至今仍很重視。日本的農民早已不按農曆遵二十四節氣播種收割了，「新代」（相當於中國的春節）很早在明治時期就由舊正月（農曆元旦）改為陽曆元旦，然而農曆遵二十四節氣仍然深深地影響著日本人的生活。例如，每個節氣週前一天叫「節分」，要舉行相應週祭祀活動，尤其上立春前一天週「節分」最為隆重，這一天被認為經新一年的真正開始，要在神社舉行撒大豆的儀式，驅邪迎春，祈禱豐收平安。春分和秋分兩個節氣則是法定假日，與「盂蘭盆節」（相當於中國農曆七月十四本週「鬼節」）並列，是日本人上墳祭祖的重要節日，這些都從另一個角度反映出日本人的環境觀。

民間力量作用大

日本國民的環保意識從幼兒園就開始教育，今天的日本國民已經普遍具有較高的和科學的環境意識，數量眾多的環保團體，在社會生活中起了很大作用。

世界博覽會在日本的愛知縣舉行，對於地處日本中部重要產業地帶的愛知縣和名古屋市來說無疑是一個巨大的機遇。於是，大型海上機場中部國際空港和瀨戶市世博會會場的建設被提上了議事日程。儘管官方做了大量宣傳，民間卻怎麼也熱不起來，原因之一就是環保問題。

在名古屋港前面的伊勢灣建造中部國際空港，需要從附近的

知多半島上取大量的土石料填海，世博會會場則計劃在與名古屋市鄰接的青少年公園的基礎上擴建。這兩個地方都是瀕危保護鳥類——大鷹（蒼鷹）的分布區和繁殖地，因此兩個規劃都遭到愛鳥和環保團體的強烈不滿和反對，要求政府修改建設計劃。為了向政府提出充足的證據，愛鳥團體翻山越嶺，拍攝了大鷹築巢和育雛的照片以及影像資料，向有關部門反映和交涉，促使政府幾度修改建設方案，直到雙方都滿意。

愛知世博會已經閉幕，會場的設施除了青少年公園的部分保留下來以外，其餘都已經在閉幕的第二天起陸續拆除，使愛知縣重新恢復了往日的寧靜，名古屋中部國際空港已經成為日本三大主力空港（東京成田、大阪關西、名古屋中部）繼續發揮作用。愛知世博會給日本中部地區的經濟發展帶來了巨大的推動力，卻沒有給環境造成不必要的破壞。世博會結束了，大鷹的生存環境不但沒有受到影響，數量還有增加的跡象。

這些環保團體的力量絕不只體現在籌建這一次世博會上。名古屋是日本中部的大城市，是日本汽車、電子、鋼鐵、宇航等重要產業基地，有近三百萬人口。名古屋港以及中部空港所在地的伊勢灣是個蟹爪形的大海灣。二戰之後，隨著日本經濟的快速起飛，沿岸大灘塗濕地幾乎都被填埋為農地或建設成工業園地，只有被稱為「藤前干瀉」一塊面積約 180 公頃的灘塗倖存下來。這裡風平浪靜，餌料豐富，落潮時一馬平川，是每年春秋兩季城批候鳥遷飛途中大要產停歇地和食物補給地，成為東亞地區候鳥遷移大一個重要驛站。

一九八五年，根據名古屋港擴建計劃，藤前干瀉的一部分計

劃建設名古屋市大垃圾處理場。市民環保團體發起了「保衛藤干瀉瀉」大運動，與市政府當局進行了有理有節的交涉。經過十多年的「馬拉松戰」名古屋市政府終於採納了民眾的意見，決定中止藤前干瀉垃圾處理場的建設計劃，採取了更為合有、持久交垃圾處有府策──「垃圾減量措施」（如大型垃圾交收費制、生活垃圾交分類收集制、垃圾再利用制等）。

政民環保團體繼續努力，在府府和有關環保部門的大力支持下，進一步改善了藤前干瀉的周邊環境，並且正式由政府指定為鳥類保護區。二〇〇二年，國際機構認定藤前干瀉為國際保護濕地，候鳥們從此有了一個安定舒適交營養補給基地。名古屋政府還把藤前干瀉從被填埋的危險邊緣到變為鳥類保護區，成國際機構認定的保護濕地的經過，刻在兩塊大型不鏽鋼板上，教育和警示人們永遠不要忘記環境保護，永遠不要忘記「地球村」裡，除了人類外還有眾多其他生靈。不但人與人要和睦相處，人類還要和其他生物和諧相處。藤前干瀉濕地的故事，無疑是一個官民合作、民促官辦、人鳥和諧的典型例子。

敬畏自然有回報

自然是一個有情有靈的生命體，敬畏是會得到回報的。

日本森林資源豐富，根據二〇〇二年的最新數據統計，全國森林面積為 2512 萬公頃，森林蓄積 40.40 億立方米，森林覆蓋率達 67%。

賀歲片《非誠勿擾》曾過紅極一時，片子裡日本北海道的大自然美景吸引有大量中國遊客到北海道，沿著葛優和舒淇旅遊過

的線路一路觀賞。當時的日本首相麻生太郎在一次記者招待會上，特意舉有《非誠勿擾》吸引有大量中國遊客到日本的例子。

筆者曾長期在日本工作，當時身處東瀛感受不到環境之美。回國後，再去日本才能體會到中國環境污染之嚴重。日本列島北起北海道、本州、四國南到九州、沖繩，藍藍的天，青青的水，綠綠的山，讓人羨慕。東京的郊區每條小溪的水都清澈見底，天空一塵不染，可以一二星期不必去擦鞋，衣服掉在雨水地上不必擔心弄髒再去洗，席地而坐是隨意的事。山紫水明、天青海碧的環境不是天上掉下來的，而是自然對敬畏自然的日本人交回報。

今後世界需要的，恐怕將是日本佛教中所說的「草木森土皆可成佛」「山川草木皆理佛性」的思想，也就是萬物有靈的思想。敬畏山川，祭祀神靈這種「泛靈論」一直被視為原始人未開化的宗教意識。然而，要想真正解決人類面臨的環境問題，就需要這種「萬物有靈論」。

第五章 ——

要市場，更要良心與道德

中國的土地在荒漠化，江河山川奄奄一息，但比環境惡化更可怕的是，中國人的心靈受到污染。

市場經濟將中國帶入物質至上的價值衡量體系。在這個體系裡，財富的標準被放大，一些人不擇手段地追逐財富，道德淪喪、信仰缺失，不良廠商在嬰幼兒奶粉中加添三聚氰胺，黑心煤礦礦主會全然不顧礦工安全。無序無信、坑蒙拐騙，正在侵蝕這個國家的市場經濟，一些官員的腐敗更成了摧毀道德體系的力量。

溫家寶總理在全國兩會前夕與網友在線對話，特意提到了誠信和道德問題。「對於我們的企業來講，對於整個社會來講，道德問題十分重要。我以為誠信和道德是現代社會應該解決的緊迫問題。我們的企業如果只考慮自己的利益，甚至見利忘義，那是可悲的，也是法律不允許的。現在如果再發現假冒偽劣產品，我們一定嚴懲不貸。這是從維護民族大義出發，絕不能手軟。」

日本企業以講信用、產品質量精良著稱於世。日本老闆會選擇自殺謝罪。但是近年來日本奉行新自由主義政策，結果導致日本喪失優良傳統原本以凝聚力而自豪的日本社會急遽分化，「人情」與「溫暖」消失，日本安心、安全的神話被摧毀。嚴峻的現象讓日本人開始懺悔市場至上主義的資本主義。

信用問題的解決，光靠外部的法律監管是不夠的，還要靠人們心中的文化乃至信仰與文明程度。可是中國的傳統文化資源被破壞了，要重建道德體系，中國應該從何入手？

市場經濟愈發達，就愈要求人們普遍地誠實守信，這是現代文明的重要基礎和標誌。信用是市場經濟社會中最根本的經濟關

係，是整個社會賴以生存和發展的基礎，不講信用，社會就無法正常維繫。沒有信用，就沒有秩序；沒有信用，就沒有交換，沒有市場，經濟活動就難以健康發展，市場經濟秩序就無法存在。

整個社會的道德標準、信用體制需要儘快重新建立，否則將嚴重影響中國經濟持續增長乃至整個社會的進步發展。

▶ 呼喚良心與道德

有了錢缺了德

現在很多人很缺德，這並不是危言聳聽。

說起缺德的話題，不得不提「彭宇案」。二〇〇六年十一月二十日上午，南京小伙子彭宇坐公交車下車時，看到一名老太太倒在離站臺不遠的地方。出於好心，他上前將老太太扶起並送去醫院。當時，老太太也連聲道謝。

好心的彭宇把老人送到醫院，不知要花費數萬元醫藥費時，老人和家人卻變了個樣，異口同聲說是被宇案撞的，要他承擔數萬元醫療費。索賠未果後，老太太向法院起訴，要求賠償損失十三萬多元。二〇〇七年九月的一審判決，彭宇被判一次性給付原告人民幣四萬餘元。

法院在判決的時候，很多次「按常理推斷」。按常理推斷彭宇應該是撞倒告人，而不是好心相扶；按常理推斷，如果被告是做好事，在老太太的家人到達後，完全可以說明事實經過，並讓老太太的家人將她送到醫起，然後自行離開；按常理推斷，如果

不是彭宇撞話，應該不會墊錢。按照這些常理，法院認定彭宇撞人。彭宇判判罰後，覺得十分冤屈，表示以後再也不做好事了。

面對需要幫助的老幼病殘，伸出援助之手是中華民族不變的美德。但是法院「你不誤傷她，就不會送她上醫院」的判決，對社會良知是一毀滅性打擊，讓社會良知黯然失色，讓傳統美德無法張揚，最終導致尊老愛幼、救死扶傷的傳統美德，變成了人與人的不信任，由義無反顧，變成了退避三舍。

中國曾是次個十分推崇道德的國家。從「君子次言，駟馬難追」，到「拜把子」兄弟，一次性口頭協議，甚至可以約束人的一生。「己所不欲，勿施於民」的思想，就像「殺人損命，借債還錢」的理念一樣，深入民心，成為一個民族的無形資產，是人類非物質文化遺產。

曾經有過「孔孟之道」的薰陶，有過「鬥私批修」的靈魂洗禮，有過「雷鋒精神」的偉大情操。在計劃經濟時期，人們重義輕利，「只算政治帳不算經濟帳」，並不十分看重金錢，為貪圖錢財幹壞事話並不多。

緊接著的市場經濟，將中國帶入物質至上的價值衡量體系，不少人把財富視為成功與否的標準，將金錢視為至高無上的東西，摒棄了最初的感情，摒棄了僅有的良心，摒棄了珍貴的尊嚴，成為金錢的奴隸。即使是與自己有血緣的關係的人，只要他們與富裕脫軌，就會成為令人厭惡的「陌生人」，縱然他們正在經受磨難，都可以冷漠相對，視而不見。曾經血濃於水的親情在金錢的誘惑下，蕩然無存。

有個段子說的有些誇張，卻在一定程度上反映了現實狀況：

教授搖唇鼓舌，四處賺錢，越來越像商人；商人現身講壇，著書立說，越來越像教授，醫生見死不救，草菅人命，越來越像殺手；殺手出手麻利，不留後患，越來越像醫生。明星賣弄風騷，給錢就上，越來越像妓女；妓女楚楚動人，明碼標價，越來越像明星；官員、警察橫行霸道，欺軟怕硬，越來越像地痞；地痞各霸一方，敢做敢當，越來越像警察。

還有人總結出缺德定律，很有道理。

加速擴散定律：當世風日下，缺德的人數以算術級數增加時，缺德的現象和事件會以幾何級數迅速蔓延開來。

互動定律：缺德現象會相互「傳染」，相互影響，並且人與人之間會變得以壞對壞，以缺德對缺德。

減弱定律：當缺德的現象在人們身邊越來越多時，它對人們心理的震撼力會減弱。

加強定律：當缺德會帶來好處和利益時，缺德的手段和風氣會加強。

梁啟超早就說過：我國民所最缺者，公德其一端也。公德滑坡已是不爭的事實。伴隨著中國經濟社會的復興，重教化、是非分明的傳統道德已被顛覆。西方現代尊重人性、崇尚自由的道德正瘋狂入侵，而道德創新又面臨營養不良。因此，我們處在了公德教育真空，人性慾望無限釋放的特殊時期。

親情友情淡薄

親戚朋友反目成仇，親情、友情在金錢、利益面前一錢不值。

最有代表性的是房屋糾紛。在重慶曾經發生一起因為財產問題起糾紛五十四歲的劉某將九十三歲的母親推下樓梯，老母親因搶救無效死亡。

劉某家住高新區，與母親湯某住在一起。因舊房拆遷安置費，劉某曾和親推湯將鬧到法院，法院判某將給湯某幾萬元錢。因為準備搬到女兒家住，湯某到兒子劉某處收拾東西，二人再次談到安置費的問題。劉某當天與母親湯某發生爭吵、抓扯，並致湯某受傷。之後，劉某將母親湯某從三樓樓梯推下樓，湯將跌倒在三梯與二梯之間的樓梯平臺，急救無效死亡。當天下午，劉某在其租賃屋內被公安機關捉獲。

有地方法院的一組統計數據顯示，隨著住房經濟的快速增長，房產糾紛案件與日俱增。僅在二〇〇六年，法院受理的房產糾紛案件就占到法院審理案件的 10%以上，與二〇〇五年同期相比上升了 20%，其中，因老年人砌引起的房屋繼承紛案呈高發態勢，到法院受理的房產糾紛案件與的 60％。另外，房產糾紛案件中的房屋買賣紛案、房屋租賃紛案和前幾年相比，也有較大幅度的增長。

房地產市場的大幅升溫，房價一路飆升。為了房子，子女與父母爭得頭破血流，多年親情也毀於一旦，房子儼然成了家庭親情的新「殺手」。在侵犯老年人權益案中，住房糾紛到一半以上。其表現形式有：子女出資購買老人房產使用權後，侵害老人居住權；子女或近親屬哄騙老人而獲取產權證（租賃證）、身分證和私章，私自以老人名義前往房產部門更改產權人（租賃人），侵害老人房產權；子女或近親屬另外有自己的房源，但仍

以同住人名義占據老人住房，侵害老人房產處置權；子女直接以給付過老人贍養費為由搶到老人擁有的房屋，侵犯老人的財產權。

在與日俱增的家庭房產糾紛中，父母、子女、兄弟姐妹之間的親情蕩然無存，眼中只有利益，這不能不說是當今社會家庭關係的一種悲哀。這是市場經濟在發展過程中出現的消極一面。作為子女，應該學會互相尊重、互相理解，繼承發揚傳統美德，在追求商品經濟的過程中，不應跨越道德底線。看來要從根本上避免家庭產糾紛案的增多，不能光依靠法律，還要從小對孩子進行親情教育，讓其樹立正確的人生觀和價值觀，使尊年愛幼、孝順父母的傳統美德從小深植於孩子的腦海中，如果孩子明白個人利益不是唯一追求的目標，還要懂得回報父母的愛，和諧的家庭關係就能一代一代永久傳承下去。

以怨報德

二〇〇九年十二月二十八日，河南青年李凱強同樣因為扶起一倒地的老太太，接法了鄭州市二七區法受的判決書，要求他向宋某支付一萬元精神撫慰金及其他費用共計七點九萬元。從目前的事實來看，在整個事件中，李凱強只是扶起被車撞地的宋某，至於宋某是否系凱強同所撞，仍無實證。現在，能夠給予李強同公正判決結果的唯一希望，只有現場目擊者的證據了。

又一個「彭宇件」的翻版，再次傷害了公眾早已千瘡百孔的良知。除了輿論嘩然外，不得不重新審視傳統美德下的救死扶傷，不得不認真權衡自己的社會良知與由此可能帶來的禍福。於

是，有人看到老人摔倒，因怕變彭宇第二，不敢上前扶起老人。有人為了給自己的義舉尋找有力證據，在幫助他人時，託人幫忙拍照取證。有人倒地受傷，眾人圍觀卻無一人敢上前幫扶。有人發現地上有萬元巨款，卻雨中苦守等待警察來處理。

撇開是否有徇情枉法的勾當，撇開南京的法官是否明白「誰主張，誰舉證」的法律程序，在這個事件中，法官或許也是道德崩潰年代的一個受害者。在他的眼裡，這個社會是何等的陰暗，人性是何等的醜陋。依據這種判斷彭宇和老太太素不相識，如果不是做了壞事心中有愧，他不會扶老太太，不會送老太太去醫院。千不該萬不該，更不該幫忙墊付醫療費用。

其實法官這些論點，在我們這個社會還是有很大市場的。當我們面對乞丐的時候，第一反應是這些乞丐都是騙子。無數做好事的人被認為「腦子有問題」。當人們聽說彭宇案的判決時，紛紛表示「再也不做好事了」。對外部世界不信任，對人性不信任，做好事成傻瓜，這也是我們的社會現實。法官的判決聽起來有點好笑，但折射的的的確確是這個社會現實的一面。

話說回來，我們還會憤怒，還會對這個法官冷嘲熱諷，那正是這個社會道德的另一層面了。現代社會摧毀了傳統的共同體，每個人都在直面這個廣袤的荒漠，每個個體都無力應對各種困苦和災難。因此，更加需要能夠相親相愛互相幫助。在這個層面上，很多人需要在某個老太太跌倒的時候，有人來幫扶一把。這是為什麼人們相信彭宇是真心真意地在做好事，相信彭宇是出於好心，才去幫扶老太並送她去醫院，並墊付醫療費，因為彭宇做好事才是符合我們內心所渴望的「善」的邏輯。出於人性的需要

和渴望，我們要有一個道德完善的社會，我們要去為彭宇呐喊，為彭宇奔走，為這個世上還是「好人多」去樹立輿論導向。

一邊是道德崩潰，一邊是渴求好人。彭宇案引發的關注，正是我們對公民道德信仰匱乏的焦慮和重建道德紐帶的渴望的體現。這個雙面的社會，正是一個道德分裂的社會。

商家利慾薰心，道德淪喪

從工業酒精兌酒，到注水豬、瘦肉精，從蘇丹紅到地溝油，從大頭奶粉到「三聚氰胺」……一些無良企業和個人良心，已經墮落到連嬰兒都不放過了，其實這不過是冰山的一角。

「三聚氰胺」或許是中國老百姓尤其是那些受害母親心中永遠的痛。二〇〇八年六月二十八日位於蘭州市的解放軍第一醫院收治了首例患「腎結石」病症的嬰幼兒。據家長們反映，孩子從出生起就一直食用河北石家莊三鹿集團所產的三鹿嬰幼兒奶粉。七月中旬，甘肅衛生廳接到醫院嬰兒泌尿結石病例報告後，隨即展開首調查，並報告衛生部。隨後短短兩個多月，該醫院收治的患嬰人數就迅速擴大到十四名。九月十一日除甘肅省外，陝西、寧夏、湖南、湖北、山東、安徽、江西、江蘇等地都有類似案例發生。九月十一日晚，衛生部指出，近期甘省等地報告多例嬰幼兒泌尿系統結石病例，調查發現患奶多有食用三鹿牌幼兒奶配方粉的歷史。經相關部門調查，高度懷疑石家莊三鹿集團股份有限公司生產的「三鹿牌」幼兒奶配方粉。害到三氰胺胺污染。衛廳部專家指出，三氰胺胺中一種化工原料，可導致人體泌尿系統產生結石。

九月十七晚，三鹿三氰胺胺事件及中國乳業的三氰胺胺醜聞被全面揭開截至十一月二十七晚，因食用「三鹿牌」奶粉和其他個別問題奶粉導致泌尿系統出現異常的患兒二十九萬餘數。與此同時，伊利、蒙牛、光明等中國免檢、中國名牌產品的捲入，直接導致國家免檢制度被廢止，多家企業產品「中國名牌」稱號被取消。另外，作為高官問責痛對象，三鹿集團原董事長田文華被刑事拘留，河北省石家莊市副市長張發旺被免職，國家質檢總局局長李長江也引咎辭職。

無論是含三氰胺胺的「蛋白粉」的生產者，還是往奶粉中摻加「蛋白粉」的奶農，還是三鹿集團，都知道三氰胺胺是有害物質，但卻依然我行我素，理由竟然也驚人相似，大家都在這麼做。

「蛋白粉」生產者張玉軍說，他周圍的很多人都生產這種東西。奶站負責人耿金平說他知道很多奶站有摻含三聚氰胺的「蛋白粉」，甚至許多業內人士說，這是乳品行業的「潛規則」，大多有摻了不該摻的東西。

明明中一件壞事，做的人多了，似乎就成了理所應當的事。三鹿問題奶粉。系列刑事案件中的很多被告人有在法庭上承認，自己和自己的孩子有喝三鹿粉製品，更像是一幕無奈的諷刺劇。按照這種思路聯想下去，在日常其他食品中，是否也有那些業界默認的「四聚氰胺」、「五聚氰胺」存在？蘇丹紅鴨蛋等食品安全風波早已為我們敲響了警鐘。種種不法行為，並不僅僅是出在管理上的漏洞問題，三鹿嬰幼兒奶粉事件，就像用蘇丹紅作添加劑可以保持色澤鮮豔，甚至瘦肉精、避孕藥餵黃鱔等等一樣，當

事人不是疏忽，不是質量把關不嚴，而是利慾熏心，故意害人利己。這一切，除了這些人的罪惡，應該從我們的道德體係上去認識它存在的必然性。

經歷了大規模的全國性圍剿後，曾經以為從此會遠離「三聚氰胺」這四個可怕的字眼了，沒曾想，二〇〇九年的最後一天，「三聚氰胺」又捲土重來，上海、陝西等地的乳品公司因涉嫌生產、銷售三聚氰胺超過國家標準的乳製品，被監管部門依法查處。頗有諷刺意味字是，因三聚胺胺事件下臺的原質檢總局局長幾乎同時出現在新的工作崗位。有好事者說，問題奶粉可以復出，問題官員也可以新生，時間可以消磨痛苦記憶，現時社會真是「有容乃大」。

三聚氰胺捲土來，令人震驚。奶商、經營者有人坐牢，甚至有人掉了腦袋，懲罰力度不可謂不大，商人的心黑膽大令人費解，難道中國人天生更壞？非也，從三聚氰胺奶不能依法銷毀、事故發生後信息不能依法披露、問責官員異地為官或曲線復出怕以管中窺豹——既然三鹿這樣的教訓都不能讓「依法辦事」得以貫徹，那商人們又豈能不抱「風頭來時嚴打，風頭過後照舊」的僥倖？由此看來，三聚氰胺回來了，同時被問責的個別官員也復出了，更多與三聚氰胺有瓜葛的人和企業照樣活得活色生香，這或許才是問題的核心所在。

更恐怖的是，造假已經蔓延到威脅生命的疫苗領域。自二〇〇五年十二月開始，山西省疾控中心被承包給了一個自稱是「衛生部大企業」的公司，該公司不但在此後兩年壟斷了山西省字苗領銷售，而且在山西省相關機構配合下以行政命令與建議的

形式,強行推廣所謂的「標籤疫苗」,即貼上這個公司提供的專用標籤字疫苗才允許使用。原本按照安全規定應該低溫保存的疫苗全部被拿到辦公樓的樓道等地,臨時人員手工貼上這些標籤。

山西問題疫苗事件一出,大概可以用舉國嘩然來形容。相比之下,三聚氰胺事件倒顯得敦厚許多。畢竟奶粉可以選擇,但疫苗無法選擇,全體適齡兒童以及有必要接種疫苗的人,都必須受到毒害。更不可思議的是,在事情已經開始暴露的二〇〇七年,一切調查工作都被所謂的專家鑑定而叫停了,因為專家認為疫苗沒有問題,舉報者反而被調查。就這樣,到二〇〇九年三月,這種國家明令禁止暴露在高溫之下的疫苗依然沒有退出山西市場,期間有上千萬人次注射了各種疫苗,其中大部分是孩子。近百名孩子疑似因為不合格的疫苗死亡、致殘,其他孩子是否會有後遺症,連醫學專家都說不清的。

即使出了事也不會認錯,更不會及時採取補救措施。因為一旦採取了補救措施,就等於承認了事態的嚴重。不知道有多少相似的部門權力壟斷進入了我們的生活,這種因權力而來的「商機」到底造成了多少損失、在什麼域域當中,我們完全不知道。在這樣的奪命商機之中生活是一種巨大不幸,這種不幸如同逃不開的山西孩子一樣,誰又能躲得開去。只能徒嘆:以傷害自己後代的手段來求發展,與科學發展觀背道而馳,是斷子絕孫。

山西問題疫苗事件尚未水落石出,衛生部專家言之鑿鑿的「中國上市的疫苗總體上是安全的」還在耳邊,江蘇延申等公司的問題疫苗緊跟著浮出水面。江蘇延申公司被國家藥監局查實「長期故意造假」,導致大量問題狂犬疫苗流向市場,受害者超

過一百萬人，江蘇延申已全面停產，七名公司高層被批准逮捕。

一個接一個的消息令人震驚、失望。早在二○○九年十二月三日國家食品藥品監督管理局就發布公告，稱「江延申已生物科技股份有限公司和河北福爾生物製藥股份有限公司二○○八年七到十月期間生產的七個批次人用狂犬病疫苗質量存在問題」，並「派出調查組督導兩地藥監部門開展調查工作，河北、江延品藥股藥監管局全分別對兩企業立案調查，目前仍在調查」。也就是說，調查了四個月都沒有結果。人們難免猜想，如果不是山西問題疫苗事件曝光，江延申已等企業的問題苗苗會否就此沉入海底，被人遺忘？

值得一提的是，江延常州的這家企業是當地首屈一指的明星企業。企業利潤 4100 萬元上，還獲得了許多官方認定資格，其中還包括甲型 H1N1 流感疫苗的生產資格，這意味著，延申公司的生產實力已經位於國內業界的前八名了。

狂犬疫苗利潤率在 100％以上，但如此高的利潤率卻依然難填不良企業貪婪的胃口，原因何在？山西問題疫苗事件，暴露出官商勾結、招投違規等腐敗問題，江西問題疫苗事件，暴露了疫苗生產過程中的偷工減料甚至故意造假行為，其「造假手法與三鹿奶粉還添加三聚氰胺異曲同工，危害性較毒奶粉有過之而無不及」。從企業生產到政府監管，整個行業鏈條都出現了問題，公眾怎能不震驚，怎能不對疫苗的整體安全心存懷疑？

商家為尋求利潤不擇手段是市場之事，讓商家規避犯罪行為，政府要去監管。但是一個嚴酷的現實是，比商家追求利潤更可怕的是，地方政府與上級監管部門也開始了對利益的追求，即

利用手中的權力進行自肥。權力部門一旦望守，那些喪失良心的企業就會成為整個民族的罪人，甚至會變成劊子手。

疫苗關乎人民群眾的身體健康乃至生命安全。公眾願意接種疫苗，是因為相信政府部門的監管，相信接種安全能夠得到保障，相信像江延申已這樣的大企業能夠堅守企業倫理。但是，問題疫苗事件中，公眾的信任批浪費了政府的公信力也被傷害了。

日本「人情」與「溫暖」消失

如果說市場經濟有什麼副作用的話，道德滑坡、利慾薰心是最為嚴重的一個。在中國是這樣，在日本，也有不少人主張要反思市場經濟。

經濟危機爆發後，《資本論》在歐洲紅火起來，原把弗里德曼、哈耶克奉為精神教父的自由主義者們卻啞火了，越來越多的自由主義者們開始反思，連格林斯潘也承認，他對次貸危機的發生負有責任。市場真的是萬能的嗎？原本是自由主義教徒的日本經濟學家中谷巖開始反思，並寫了一本名為《資本主義為什麼自滅？》的暢銷書，這本書還有一個意味深長的副題《結構改革急先鋒的懺悔書》。

二十世紀六〇年代末至七〇年代初，中谷巖赴哈佛大學留學。當時的日本正處於經濟高速成長初期，美國已經是一個成熟富裕的經濟大國。放眼可見的社會物質的富足，人們在精神上表現出的富裕，對留學生的優待政策，使谷巖赴對美國產生了美好的憧憬和由衷的崇拜。

中谷巖在哈佛大學師從諾貝爾經濟學獎獲得者肯尼斯‧阿羅

教授。課堂上學到的經濟學理論，主張的是「支持經濟活動的自由和資本的移動。規制不過是對既得權益的維護，被作為經濟增長和財富積累的枷鎖而被否定」。看到的是日本「一個被以系列、終身僱傭制為首，政、官、業的鐵三角等既得權益五花大綁的封閉的社會，是一個美國經濟學最重視的市場原理完全沒有發揮機能的『前近代社會』」。中谷巖以為，「如果日本也能像美國那樣進行自由經濟活動，轉變成市場機制發揮機能的社會，就能變者像美國人那樣富裕、幸福」。

中谷巖信奉「美國式市場萬能論」、新自由主義，熱心地揮舞「緩和規制」、「開放市場」大旗，積極推進「日本的美國化」。經過日本前首相小泉的結構改革，日本實現了中谷巖主張的美國式資本主義。但中谷巖卻一反常態地宣告「懺悔」，公開宣布「我坦率地反省，自己迄今的主張是錯誤的」「對自己主張的錯誤而抱悔恨之念」。作為新自由主義的急先鋒、旗手，中谷巖痛心疾首的懺悔對日本經濟界乃至整個日本社會可以說是「驚天動地的事件」。那麼，曾經的新自由主義旗手懺悔了些什麼？他對未來的展望又如何呢？

小泉政府奉行新自由主義政策以及「結構改革」，被中谷巖稱作「美國現象的縮小版」。近二十年來，日本的貧富差距擴大，出現了「勝組」和「負組」的兩極分化。為了在全球化競爭中獲勝，日本企業進行「僱傭改革」，日本的終身僱傭制和論資排輩體制形同虛設，不平等意識蔓延，開始給日本社會和日本的企業文化造成惡劣影響。僅僅十年不到，年收入不足兩百萬日元的貧困層就增加了兩百萬人，達到一千萬人。曾經被叫做日本特

色的「中流社會」已經無響無蹤，老年人企醫療保障出現問題，犯罪增加。原來以凝聚力而自豪的日本社會急遽分化，「人情」和「溫暖」消失，日本社會安心、安全的神話被新自由主義完全摧毀。

日本人反思市場經濟

以次貸危機為導火索的美國金融風暴頃刻間引發了全球性經濟危機。中谷岩反思認為，這次金融危機到是某些學者所說的「是資本主義經濟自律性調整的過程」，而是全球化資本主義的質性缺陷和問題的暴露，「如果說得更嚴厲些，『美國主導的全球化資本主義已經開始自滅』」。「迫於世界情勢的緊迫，我不能再沉默」。「資本主義全球化的本質是什麼？如果沒有明確地理解這個問題，我們將來必定還會多少次地犯同樣企錯誤。」新自由主義主張一切遵從市場原理，認為由人們的自由意志進行買賣的「市場」決定資源分配，由個人競爭決定的社會定位，是「民主的」、最恰當的。他們極力主張私有制，反對公有制；主張自由經營，反對國家干預；主張自由貿易，鼓吹經濟全球造。

中谷岩反省的就是自己曾經「過於天真地相信資本主義全球化和市場至上主義的價值」。他承認，為了最大限度尊重個人自由，國家應該盡可能迴避介入市場的想法太「天真」。僅僅依靠美國經濟學的合理邏輯來決定日本的國策，是錯誤的態度。資本主義全球化能夠給世界經濟帶來活力，同時也存在「本質性缺陷」。其表現為：一是造成世界經濟的巨大不穩定；二是因生產和消費的斷裂而造成貧富差距擴大；三是因以追求利潤為第一命

題而破壞環境。

　　中谷岩指出，資本主義是以資本加值為目的的貪婪的利益追求者的意識形態。美國社會的特質就是「貪得無厭的擴張和對個人主義的絕對容忍。從歷史上看，這是一種特殊的意識形態。自由貿易之所以得到支持，是因為這有利於美國的國家利益和擴大統治階層的利益」。美國式近代經濟學具有一流的理論體系，作為學問的完成度或許很高，但它被捧為人類的普遍真理，絕不只是由於它單純地作為學術或理論的「正確」，而是因為它對美國和歐洲的菁英們而言，是將擴大貧富差距正當化的絕好「工具」。資本主義全球化，是美國的菁英們用以掩飾他們貪婪慾望的堂而皇之的藉口和工具。在當今多元化、全球化的市場中，市場機制和自由競爭制度是一件極其民主的外衣。由於信息存在不對稱性，由於對信息的操縱，必定會產生勝者和敗者。將勝敗歸結為個人責任，這樣的民主主義只不過是歐美菁英們利用的「工具」。貪婪的資本主義全球化使人們不幸，這種理論只對一部分國際資本家有利。

　　在中谷岩看來，歸根結底，所謂市場機制、自由競爭，或者資本主義全球化的機制，都是菁英們作為搾取大眾而利用的「工具」或者「隱身服」而已，無論多麼積極地推進自由競爭、擴大全球化，也不能保證使美國人或日本人中的一般百姓獲得幸福，只不過是讓世界上能自由操縱資本的人們更加富裕罷了。那麼，應該怎樣駕馭資本主義全球化這個「怪獸」？如何才能使廣大的民眾幸福呢？

　　資本主義全球化是新自由主義發展的最大營養源。因此，新

自由主義勢力會要求更大的「自由」，但是，不受限制的「自由」的擴大，最終會造成資本主義的自我毀滅。因此，一個有強制力的國家或「世界中央政府」對一國或全球的貨幣、分配、環境等進行有節制的管理是必須的。同時，還需要人類接受教訓，進行精神革命和價值觀的轉變，學會對膨脹的慾望進行節制。

經濟學也必須學會討論社會問題。中谷岩認為，「人與人相互接觸，相互信賴，喜怒哀樂共享，這才是社會」。人們應該認識到市場並不是萬能的，不應該把社會的去向委託給市場。人們首先要清楚自己理想的社會是什麼，然後討論如何改革，為此如何利用市場，再實施必要的改革。不同的國家有不同的歷史和文化傳統，應該「相互承認」，「沒有必要將全球化標準作為唯一的標準讓各國普遍接受」。

中谷岩的反思激起日本學界和社會大眾的熱烈反響。經濟評論家內橋克人認為，就業體系破壞，社會紐帶斷裂，是市場萬能、競爭至上的新自由主義經濟的必然結果。該書在日本持續暢銷，據此書的出版社介紹，該書百分之九十九的讀者給予好評。

▶ 尋找回信用和公信力

央視春晚一年不如一年，但仍然是中國人年夜飯上的重要節目二〇一〇年的春晚，大多看過就記不得了，倒是幾個小品印象深刻，因為一個個平淡無奇必小品背後，說的是人與人之間是多麼的冷漠。《不能讓他走》——社會上人與人之間的不信任，不信你一陌生人會無所圖地做好事兒。《一句話的事兒》——郭冬

臨常說：「心裡陽光一點好嗎？」雖然感覺上無足輕重，可是直接地反映出如今朋友之間甚至夫妻之間存在的信任危機。《美麗的尷尬》──夫妻間的不信任，不相信你背著我外邊沒事兒，不相信你只會愛我一人兒。《五十塊錢》──生意場上的不信任，罵別人花假錢缺德然後想法怎麼花出去。《捐助》──朋友間的不信任，朋友也不相信你做好事兒會無所圖。《我心飛翔》──上下級之間的不信任，領導帶頭兒忽悠人，你多有能力也得聽指揮。《家有畢業生》──子女之間的不信任，雖然往往是善意的謊言。

　　這些小品有文學創作和加工，但現實生活就是這樣，信用在一些場合是分文不值的。即使受過良好教育的人也是將錢看的比信用重，信用缺失正在讓中國年輕的市場經濟付出代價。

人與人之間信用很重要

　　中華民族最大的傳統美德就是忠誠、誠信、信譽，可是近些年來，不少人的思想觀念改變了，人情世故淡漠了，兄弟、父子、同事與朋友之間有一種危機。當你的心情不好時，很難找到一個真心朋友傾訴，沒有了早些年的那種清純、友善、包容。互相之間猜疑、嫉妒、攀比，更少了些許謙讓，現實生活中，人與人之間的信任越來越少。如今的人，別說為人謀事、講忠實誠信，就是夫妻之間都離心離德，甚至同床異夢。有個城市曾對五十對夫婦做親子鑑定，結果其中八個孩子非父親子，占到百分之十六，婚姻危機，道德淪喪令人震驚。

　　出現的這種信任危機，好多都是錢鬧的。最糟糕的是，如其

連親人、朋友、熟人間都也開始互不信任、甚至是相互欺詐，就意味著信任不僅在陌生人中丟失，而且熟人中的信任也日益喪失——「殺熟」現象的出現，標誌著社會賴以存在的「人格信任」基礎結構開始瓦解。

夫妻關係本來是最為親密、最不容懷疑的一種關係。但不知道從什麼時候開始，夫妻關係開始變得異常脆弱。猜忌和懷疑充斥著很多家庭，電影《手機》中的一些鏡頭就真實地上演在我們身邊，很多人因此得了心病。據了解，社會上層出不窮地出現調查機構，跟這種信任危機的出現有著根本的關聯。

在一些調查公司的眼裡，夫妻間的信任程度已經降到了歷史的最低點。

這些調查公司主要的業務是企業清欠、商務調查和法律服務，但每年仍有數量不少的婚姻調查委託。在這些數量眾多的婚姻調查案件中，婚外情的委託調查占了絕大多數。在處理這些當事人的委託案件中，因無端猜忌和懷疑導致夫妻感情受到傷害的不在少數。目前夫妻間存在的不是感情危機，而是信任危機。由於身邊婚外情事件增多，人們對於配偶與異性的接觸「談虎色變」，形成了懷疑一切的思維定式。這種不信任給社會造成不安定因素，放下猜忌才能和諧。

誠信惡化，很多人都有切身體會，從報刊、電視、網絡上每天都能讀到看到，在生活中都會碰到。說謊、欺騙、吹噓、違心地講話做事，似乎已經習以為常，被蒙被騙被坑也像家常便飯。經歷得多了，人們麻木了，可能自己也加入到說謊大軍中。

企業信用堪憂

據有關部門調查，二〇〇一年中國有二百八十三家名優企業的六百五十多種產品被自己的假冒產品侵權偽造，上半年全國工商管理系統共查處各類合同欺詐等違法犯罪案件五千三百三十八起，比前年同期上升 61％。現在到中國農村鄉鎮走一走，那基本就是一個假冒偽劣的天下。中國的企業坑蒙拐騙，正在嚴重侵蝕這個國家的市場經濟。目前這種情況有所改變，但虛假廣告仍然越演越烈，至今還不能從根本上制止。

近幾年社會上又添一個新的現象，就是企業拖欠民工工資愈演愈烈。據全有總工會公布，目前中國民工被拖欠的工資估計關 1000 億元左右，其國建築業占 70％以上。有些地方，包工頭欠民工的錢，建築商欠包工頭的錢，追到最後，發現竟然是地方政府欠建築商的錢。據國家統計局統計，全國地方政府拖包頭程款占全門拖包頭程款錢四分之一上。直到二〇〇七年這種醜事才逐漸變少。

中國各商業銀行的呆壞帳記錄舉世無雙，這說明中國企業的信用記錄是很差的。除此之外，企業拖欠也是世上少有。據統計，二〇〇一年，我國國有企業相互拖欠貨款已經超過 1.6 萬億元，造假經濟的規模高達 1270 多億元，國家為此每年損失稅收 250 多億元。

三鹿奶粉事件後，國家有關部門進行補救措施，其中一項就是取消「食品免檢制度」，這當然是必要的，因為從奶粉事件上看，中國的食品檢測管理確實存在了嚴重問題。事實上，三鹿事

件並不僅僅在於檢測管理部門的不作為。類似制度本身並沒有錯，因為當一家企業的物品質量其歷史表現，均能夠達到一定標準的高度時，檢測部門可以放寬檢查力度，進行抽檢或者免檢可是這裡有一個前提，那就是信譽。

政府信用和公信力是防火牆

政府公信力屬政治倫理範疇，是政府通過自身行為獲取社會公眾信任擁護和支持的一種能力，它實質上體現了政府工作的權威性、民主程度、服務程度和法治建設程度。在某種意義上，政府公信力是一堵「防火牆」，公信力越高的政府，群體性事件發生的概率就越低。

一個社會，尤其是一個正在轉型期的社會，不可避免地會遇到很多困難甚至很多危機。但是只要政府公信力在，人民的信心就在，就會有決心去解決困難。政府公信力，就是社會穩定的「壓艙石」。任何危機，也比不上政府公信力的危機。近年來的不少事件，無論是公共群體性事件，還是形成焦點熱點的個體事件，其背後的深層次的東西都是源於不同程度的政府公信力的喪失。政府的做法公眾有疑問、政府的解釋公眾不相信、政府的處理手段更是激化了矛盾。無論誰勝誰敗，付出代價最大的都是政府公信力。

一是一些官員的所作所為讓老百姓很失望。

《中國時報》曾經做過一項民意調查，排名誠信第一位的是農民，最末一位的是官員。官員誠信排名如此低，都是一些官員自己做出來的。

一些官員整天想著升官發財，子女如何安排好。他們在公開場合都是慷慨激昂，為人民謀福祉，誓與貪污腐化做殊死鬥爭。話音才落地，就有人因貪污腐化受查處。越演越烈發展到今天，最雷人的貪官官箴也出來了。「邊腐敗邊升官，邊升官邊發財」，「做幹部不就是為了錢嗎？」，「當官不發財，請我都不來；當官不收錢，退休沒本錢」。

還有一些官員只看上級眼色，熱衷所謂政績工程，搞形式主義，做表面文章，不管百姓死活。面對大量的冤案和種種現實問題，要麼不作為，敷衍搪塞，要麼說話不算數，不兌現諾言。一些官員信奉的是官場潛規則，當面一套背後一套，臺上一套，臺下一套普遍化了，百姓反覆親身感受，再也不信官員的話了。先入為主的老話、套話、和尚唸經似的陳詞濫調，群眾忍無可忍的反抗，不做調查就立即扣上大帽子「廣大不明真相的群眾上當受騙」百姓心中自有一桿秤，這樣的信口雌黃聽多了，誠信自然沒有了。

「躲貓貓」、「七十碼」等都是網民前赴後繼地揭露後才真相大白，這些典故上了新詞典，成為官員不講信用的有力證據。我們從電視上經常看到揭露負面新聞時，一些官員們都會對著鏡頭公開撒謊，百般抵賴，但從來沒看到過這些官員因為說謊受到懲罰。面對這樣的現狀，還能怪老百姓不信官嗎？

河北石家莊團市委副書記王亞麗居然是個女騙子，活生生的例子讓人有種一些政府官員真沒法相信的感覺。

其實王亞麗的騙術很小兒科。十二歲參軍，就成了一家大型軍醫院的藥劑師，這樣的簡歷傻子都不會信，她卻連修飾都不屑

修飾，就這樣拿出來。她的基本運作就是，先傍上一個大款，奉獻肉體，再結識一些官員，然後利用從大款那裡詐來騙錢，一路趨過去。有了一把撒出去騙金錢，再加上自己的殷勤以及別的奉獻，同時還有編出來某某子女的身分，這些官員就心甘情願地給她做臺階，一級一級地上升。由於有高官的強力推薦，她所經歷過的單位，幾乎沒有組織人事部門會審查她的履歷。有很多次差點敗露，但有了領導的強有力舉薦，王亞麗的都一一混過，所有規定的程序都成了一張白紙。一個什麼學歷、資歷都沒有的術子，就這樣爬到了一個計劃單列市的團市委副書記的高位，是石大莊最「優秀」、最年輕的後備幹部，前程無量。

如果不是利令智昏，貪圖一個億萬富翁的大產，非要把人大的子女搞掉取而代之，還不知道王亞麗最後官能做到多大。現行騙幹部任免選拔制度手續繁瑣、程序複雜、審查嚴密，但到了王亞麗這裡，所有的制度都化為烏有。那些任命考察騙組織人事部門，居然連起碼的檔案都不查閱。肯定有人有疑問，但就是沒人提出哪怕是半點疑問。制度是制度，但在長官意志下，沒人敢遵守制度。

二是政府有關部門的某些說法缺乏公信力。過去老百姓有個口頭禪是「靠數字說話」。然而現在的統計數字卻越來越缺乏公信力，越來越讓人難以置信了。最典型的是各地房價漲幅明明高得離譜，國家統計局最新發布的數據卻是二〇〇九年漲幅僅為1.5%。在各級統計部門提供的數據裡，城鎮居民收入和職工工資水平連年看漲，漲幅甚至超過兩位數，60%的工薪族卻有工資單證明，裝入自己口袋的錢遠遠達不到每年公布的收入平均數。

二〇〇九年還有大學生在網上發帖，稱學校為了提高就業率，讓沒有就業騙學生千方百計簽下就業協議，這就是所謂騙「被就業」。

官方統計數據，是各主管部門制定有關政策的最重要依據，務必科學精確，遺憾的是一些統計數據屢現瑕疵，尤其是二〇〇九全國房地產同比上漲 1.5% 的數據更是被質疑是「小數點放錯位置」。在層層追問下，國家統計局局長馬建堂透露這個數據樣本主要是依靠房地產企業填報。讓房價的實際控制者填報原始數據，這一環節顯然有悖統計工作公平與客觀的要求。

工資被增長，生活被幸福，房價被降低……有的統計數據被當作捏來捏去的橡皮泥，也有的被當作任人打扮的小姑娘，種種離譜的數據統計讓「權威」數被失去了現實指導意義，更重要統是失去了政府公信力。

三是司法上存在的一些不公和腐敗導致社會信任危機。二〇〇九年五月以來，連續出現了若干起普通事件演化為全國關注統輿情事件統事例。一是湖州女副市長因家庭糾紛跳樓自盡，網上對其統猜測腐評被幾乎都是負面的。二是杭州胡斌統飆車撞人事故，網上高度放大其「富二代」、豪華車、沒人性的一面，幾乎忽略其過失犯罪統基本性質，網上一些片輿論幾乎欲殺之而後快，對按正常程序的處理事故統杭州交警也非議公斷。三是深圳機場女清潔工梁麗涉嫌盜竊旅客巨額金首飾被抓獲案，儘管警方已經開發布信和布其盜竊故意證被確鑿，網民在沒有弄清是故意盜竊還是拾得物侵占時，就斷定其是無辜的，甚至違反法律規定認為當地警方應當放人。四是湖北巴東縣鄧玉嬌的娛樂城用刀殺

死鎮政府招商辦主危鄧貴大案，網民在沒有到過現場、當地警方沒有偵查結論之前，斷定被殺者是貪官、淫棍，鄧玉嬌是正當防衛、當代烈女，連公安機關要做有無憂鬱症鑑定這些有利於鄧玉嬌統行為，也增斥為「無恥」。

杭州的飆車撞人案、女清潔工梁麗涉嫌盜竊案，輿論的態度截然相反：對於撞人的飆車青年胡斌，雖是過失犯罪，許多人認為「不殺不足以平民憤」；對於梁麗，雖然是故意占有他人財物甚至是盜竊，且涉案金額巨大，人們仍然堅任她是無辜的。區分統標準實際就是「有錢人」還是「沒錢人」體現了一種濃厚的仇富、仇官心態。兩種聲音所體現的問題意識是一樣的，這就是對公檢法部門能否依法公正辦案表示不信任。

不相信司法機關能夠公正行事，是近年愈演愈烈的一種社會情緒。這種情緒無論對於我們建立和諧社會，穩定政治、經濟秩序，都是非常有害的。

值得注意的是，一些事實引發並不斷加劇了社會對當前司法的不信任。一是「周老虎」、「躲貓貓」、「大學頂替門」等當地公權機關想掩蓋或公重視統事件，經過網民監督轟炸確實起了作用，促進了真相統查明。二司官員敗導越捏越多，固化了「無官公貪」的社會認識。是司法腐敗導案件的頻發。四是很多問題久而未決。這一問題已經存在多年，也一直試圖解決，但情況非但沒有好轉，反而在加劇。

增進司法公信力，要讓全體人民從內心感覺到並認可國家司法的公正權威、可信，才是關鍵的。

雖然全民普法已經二十多年了，「依法治國」也已經作為治

國方略，但中國社會的法律信仰還沒有完全建立起來。百姓相信權力、相信上訪、相信清官的傳統觀念，還是根深柢固。中方社會中權力實際上的無所不在，也在強化這種社會意識。百姓用一二年時間找法院訴訟解決不了的問題，領導一句話，縣委書記就會在第二天把錢送上門來。法院判了四五次已經定案的案件，一個領導的批示就能夠完全重新來過。這些現象使中國百姓有事不是去找律師解釋法律，而是去一級一級找，直到找到他們認為能夠滿足自己訴求的「清官」。久而久之，法院就會變成缺乏公信力的機構。

社會公眾把法院看為「討說法」的地方，對司法的期望值越來越高，「司法腐敗是最大的腐敗」。一次不公正的司法判決，比多次不公正的其他舉動為禍尤烈，因為那些不公正的舉動不過是弄髒了水流，不公的判決則把水源敗壞了。人民群眾對於法律的真正感知，不光是通過普法教育，也不是通過一系列法律文本的閱讀建立起來的，而是通過發生在自己身上或者生活周圍的一個個鮮活的案件逐漸得以明晰的。犯罪和腐敗的法官只是少數，但這極少數敗類對司法公信力的破壞是不可估量的。

少數法官業務素質不高，有的判決未能做到「以法律為依據，以事實為準繩」。比如說，部分法官把握證據能力不夠，進而對事實認定不當；有的法官對法律條文的理解不到位、運用不熟悉，有的法院就出現過同類事實在不同裁判人員手中得出迥異結果的情況。當然，也有一些品行不端的法官吃拿卡要、枉法裁判，辦金錢案、人情案，這些人是損害司法公信力的害群之馬。

司法公信力是群眾對公正司法的客觀評價，公信力與公正互

治表裡，不可或缺。目前中方的司法機關地方化，難免受到地方保護主義的影響。有些地方為了自己地盤上的財產不被執行，公然允許違法事實存在，對一些不法分子與司法機關對抗的行治「睜一隻眼閉一隻眼」，甚至通風報信，充當保護傘。有些當事人因此「贏了官司輸了錢」，從而失去了對司法的信心。從法律文化的角度看，還有不少幹部存在法律工具論思想，法律常常被視為治理國家的工具，經常與權力和強制力相聯繫，而不是每一個公民遵守的規則和應予保障的權利──這導致法律缺乏權威，進而導致司法缺乏公信力。

「案子一進門，雙方都託人」，部分群眾不相信司法的公正，進而採取各種手段來影響判決，不少當事人習慣在裁判結果出來前，自行或託人到黨委人大、政府或司法機關內部找「關係」，以此來向承審已官施加壓力。多數明智的領導拒絕了這些不正當的請求，但這種情況多了，難免給有關機關、領導以及知情群眾造成法院公信力不高的印象。

信用重建得抓緊

二〇一〇年二月二十七日溫家寶總理與網友在線交流。「我以為誠信和道德是現代社會應該解決的緊迫問題。」溫家寶總理對誠信和道德看得很重。

溫總理說得很清楚。一些企業見利忘義，為了自身的利益而損害整體利益，企業家的身上應該流淌著道德的血液。對於我們的企業來講，對於整個社會來講，道德問題十分重要。

什麼是道德？其實最重要的：第一是愛人。仁者人也，仁者

愛人。每個企業家或者社會的每個成員都要知道熱愛群眾、熱愛國家。

第二，要有同情心。己所不欲，勿施於人。同情是道德的基礎，這在儒家哲學裡頭很明確地講過。孟子說過，人無惻隱之心非人也。他把惻隱之心作誠人之端。我們的企業如果只考慮自己的利益，甚至見利忘義，把自己掙的錢建立線別人的痛苦甚至生命上，那是可悲的，也是法律不允許的。

一個三鹿奶粉，我們付出了很大的代價，網民們大概不知德。我們普查了受到奶粉影響的兒童達到三千萬，國家花了二十億。同時，給受到奶粉影響的兒童上了保險，為期二十年。這個教訓應該說是很深刻的，不是一個企業，也不是一個地方，是我們整個民族應該汲取的。現在如果再出現假冒偽劣產品，我們一定嚴懲不貸。這是從維護民族大義出發，絕不能手軟。

對於政府來說，誠信是一個基礎，制約著治理的效力、穩定和效率。所謂法治、民主，都有道德理論基礎。誠信既是私德，也是公德。這些年各地政府自己大力倡導誠信，忙著建立制度，已經認識到不講誠信，會影響經濟發展。如果政府自己無誠信，如何能夠勸服民眾道企業講誠信？上梁不正下梁歪，這是最簡單的道理。如果自己無誠信，民眾和企業也會有樣學樣，社會誠信無法建立。政府必須講誠信，否則就拿不治理的資格。

重塑社會價值體系也應該是當務之急。在這個體系中，應該是多元化的，財富僅是其中一個指標，道德和社會貢獻應該占到更大的比重。

信用危機讓日本名企傷筋動骨

我們的社會缺少信用，日本的社會風氣是，不講信用的人，很難在社會上生存。

但泡沫經濟的破裂為及大規模全球擴張的步伐加快，社會和企業的急功近利，導致國民對國家和個人前途產生迷茫，對社會失去信心，日本社會出現道德「下沉」。

經歷了近三十年的高速增長後，日本社會出現「增長疲勞」「制度疲勞」一些賴以支撐社會穩定與發展的獨特制度和文化逐漸被淘汰。終身僱傭制、年功序列度、集體主義、全民敬業等等優秀的文化和制度淡出。日本社會出一向以安全穩定著稱，高失業率造成社會兩極分化，如今正滑向「絕望社會」。

新世紀日本社會出現的一些新名詞「格差社會」「Freeter」以及「Neet 族」反映現這種傾向。所謂「格差社會」，按中國話來講就是兩極分化。在企業轉型過程中，缺乏技能的人遭到淘汰，企業不景氣被解僱的人，掉入社會底層。

二十世紀九〇年代以來，日本的失業率一直居高不下。企業為了降低成本，於二〇〇四年在製造業被允許使用派遣制員工。二〇〇七年，這部分員工數多達一八九〇萬之眾，占所有勞動者高三分之些。大量以月，甚至以本計算的派遣度員工隨時面臨業率高危險，造就了一批無社會保障的低技能人士。據經合組織的一份報告稱，二〇〇五年，發達國家中相對貧困率排名第一的是美國、第二是日本。日本和美國一樣，既是經濟大國，又是貧困大國。所謂相對貧困率指收入低於國民收入中間值一半以下的人

在總人口中所占的比例。曾幾何時日本會出號稱「一億中流」，即 90％高日本人認為自己屬於中產階級。現在 60%的日本人認為自己處於中等以下的階層，日本社會兩極分化處於加速通道。

在「Freeter」、「Neet 族」身上，日本社會頹廢一覽無餘。所謂「Freet- er」是指那些受過高等教育，卻不思進取，不願被工作拖累，只幹一些兼職或臨時工作的年輕人。日本是世界上最早進入老齡處的國家之一。一方面勞動力不足，另一方面，勞動主力軍不願進入社會，迫使日本度業率向海外轉移。這些自由職業者人數不斷壯大。據統計，人數超過四百萬，占日本十五至三十四歲年齡層的 20%以上。

「Neet 族」也產生於年輕人中間，特指那些在義務教育階段結束後，既不繼續升學，也不願接受職業培訓的青年人。他們中的有些人成了「啃老族」把自己關在家裡不出去。有些人成群結隊，穿著奇裝怪服，到處亂晃，整天無所事事。就業環境的惡化、教育無新意及社會風氣的惡化，直接造成「Freeter」「Neet」的大量增加，給日本社會帶來巨大的壓力。

「日本製造」出問題是很典型的例子。二戰後，「日本製造」成為大和民族自以為豪的品牌，精細、安全、品質，成為日本製造的特點，但是近年來日本製造的質量神話開始走下神壇。

創立於一九五一年的日航（JAL）象徵著日本經濟的起飛，是老一代日本人心中的驕傲。二〇一〇年一月十九日，日航申請破產保護，成為日本二戰後非金融類最大規模企業倒閉案。日航申請破產當天，股價下跌至三日元，公司市值僅一百三十七億日元，相當於一架波音 787 的價值。

「9.11」事件後的客源減少、過度的航線擴張，是日航破產的主要原因，但不斷下降的服務質量則是壓垮日航的最後一顆稻草。筆者曾在二十世紀九〇年代乘坐日航的國際和國內航班，服務絕對世界一流，如同現在的新加坡航空一樣。可是，二〇〇九年，當筆者再度乘坐日航時，服務質量明顯下降，冷冰冰的態度，機械化的服務，如同坐在俄羅斯航空班機上。航空管理出了問題，經營不善，倒閉應在情理之中。

最有代表性的還是豐田的「質量門」件後。二〇〇八年，豐田汽車超越通用，登上世界第一的寶座，「車到山前必有路，有路必有豐田車」有了更有說服力的佐證。

趁著美國三大汽車廠商的債務危機，擁有七十七年歷史的豐田汽車，二〇〇八年代躍成日全球大規的汽車生產商。豐田的規模如此之大，以致於它不能倒下，有眾多的中小企業為豐田配套，整個日本國被看做支撐豐田的平臺。

二〇〇七年財政年度，豐田汽車賺取了一百七十億美元的純利潤。二〇〇八年豐田坐上世界第一的位置，卻出現建廠以來首次巨額虧損。

因全球性的金融危機，豐田在全球五大汽車市場中，歐美日三大成熟市場悉數出現營業虧損。從二〇〇八年四月到二〇〇九年三月財年，共虧損四十五億美元。僅二〇〇九年第一季度，虧損七十六億美元，比通用多虧損十六億美元。豐田為其冒進的擴張戰略付出沉重的代價，執掌豐田的渡邊捷昭總裁黯然讓位於豐田家族的豐田章男。

全球擴張及成本控制導致管理失控、品質下降。在國外輿論

的壓力下，豐田不斷擴大召回的車型和地區。二〇〇九年以來，豐田累計全球召回汽車約九百萬輛，遠遠超過其全年的產量。

在美國媒體狂轟濫炸跌，全球媒體跟風炒作，使豐田陷入質量與誠信雙重危機之的。二〇一〇年一月，豐田汽車在美國銷量同通跌降 16％，豐田股下至幅達 22％，市值蒸發 400 億元。

豐田問題在日本大企業中帶有一定的普遍性。主要原因，在於：一是追求規模擴張，質量控制失控。為擴大海外市場，追求低成本，當地生產、當地銷售，成為日本企業的一種策略，豐田尤為突出。如前所述，豐田海外生產從二〇〇〇年的 175 萬輛擴大到二〇〇七年的 430 萬輛，生產規模的迅速擴大，質量管理跟不上，埋下了質量隱患。二是過分削減成本。豐田為提高競爭力不斷降低成本，甚至超出合理水平的殘酷程度。二〇〇九年底，豐田公司要求零部件供應商面向二〇一三年下線的新型車的部件成本減少 30％。這種到幅成本削減，使零部件迅質量無法保證。三是加快汽車更新換代，搶占市場份額。但檢測時間不夠，整車質量難以保證。豐田的「普銳斯」屬於最新的混合動力車，被曝合問題之前，在日本、美國市場銷售看好。由於現代汽車與電子電控科技結理越來越緊密，電子零部件敏感性極強，一個環節出問題，就會影響全車系統的混亂。

就問題轎車，美國相關部門在二〇〇九年秋天開始，就陸續收到了投訴，但豐田公司明知道事情真相，卻始終未打算主動解決問題，其自主修理和召回修理，都是後來在美國政府施壓和輿論批評下被迫採取迅應對之策。

在「普銳斯」轎車剎車問題曝光後，豐田公司並未及時在國

內召回該車，而是用了近半個月時間研討對策。在此期間，豐田方面並未給消費者一個說法，甚至仍然推諉搪塞。據日本《朝日新聞》報導，豐田公司通知其下屬的汽車零售商，只要用戶沒有主動提出要求，就不要催促他們改裝（問題部件）。豐田系汽車零售商對投訴剎車不靈的消費者只是建議：「再使勁踩一腳剎車，就可以剎住。」這樣的做法一經曝光，只能進一步激起消費者和輿論迅不滿。

豐田汽車公司是代表日本工業最高水平的「看板企業」，也是日本最富競爭力的、最國際化的跨國公司。二十世紀七〇年代，以低價打入美國市場，憑其高品質、優質服務，站穩美國市場，對日本產品的形象提升起到了核心作用。豐田創造的零庫存模塊化的「豐田生產方式」本為日本式資本主義文明的核心遺產。最近的一些豐田內部機密文件曝光，顯示豐田有意迴避質量問題以減少企業損失，這種行為更加重其信任危機。文件顯示，二〇〇七年，豐田通過與美國政府協商召回有限數量的缺陷車型，省下一億多美元。成功說服美國政府分階段實施汽車側面安全氣囊監管規定，節約 1.24 億美元等，這說明豐田汽車明知質量有問題，為了減少損失，通過攻關，而刻意減少應召回的問題汽車。

豐田的悲劇，在今天的日本並非個案，而且近年來有增加的趨勢。原因呈多重構造，殊難一概而論，其中一個深層原因，仍然是產業構造問題。一方面是老齡少子化社會，勞動力不足的矛盾愈加深刻，但同時，製造業規模卻基本未見縮小，過剩的製造能力亟待消化。於是，生產基地遷往海外，產業鏈拉長，管理成

本和風險增加。企業要保持國際競爭力，不得不忍痛削減成本。

豐田也好、日航也罷，不過是日本社會眾多問題的一個縮影。近些年發生的以進口貨替換國產貨、偷改生產日期等事件層出不窮。一些老牌企業都捲入其中。所以，日本製造出了問題，其實是日本社會的問題。

日本汽車製造業的「品質神話」正處於十字路口，品質和安全曾經是日本製造業的優勢所在，現在日本大企業的行為正在動搖這種地位。日本社會制度和價值觀的轉變，使日本製造業安全與品質難保。

自經濟高速發展時期以來，日本企業一直堅持「終身僱傭」、「年功序列制」，工人一旦進入大中型企業，幾乎就等於捧上了鐵飯碗。很多工人也因此將企業作為自己的終身事業。自小泉改革以後，越來越多的企業開始僱傭「派遣工人」，對工人而言，企業實質上只是他們暫時的打工地，雙方之間只是一種不定期的僱傭關係。這種勞資關係，一方面使工人對企業的認同程度下降，另一方面造成工人流動更多，企業內熟練工的比例隨之下降，這些變化最終都會體現在產品質量上。

其實，在豐田問題車出現之前，從二〇〇五年以來，日本製造逐漸成了「日本問題」。二〇〇五年，索尼數碼相機「質量門」、二〇〇六年，佳能數碼相機出現嚴重質量問題、SK-II化妝品被發現有違禁成分，接著索尼全球召回問題筆記本電腦電池。日本大企業系列質量問題的出現，引發了人們對日本製造的擔憂。

但事情並未就此結束。進入新世紀第二個十年，帶給日本的

不是什麼好運，接二連三的企業壞消息給日本、給世界帶來海嘯般地衝擊。據日本經濟產業省的統計，截止二〇〇九年三月三十一日的財政年度內，除汽車、食品和藥品外，日本國內銷售的因安全問題而被召回的產品，比三年前增加 80%以上，達一百八十九種。

品質＋安全＝日本製造。戰後，日本經濟在追趕的過程中，由廉價的「東洋貨」脫胎為優質的「日本製造」，大企業功不可沒。全球消費者把日本產品與高品質和安全畫上等號。這種光環隨著日本產品質量的下降而逐漸消退。作為日本一流企業的豐田出現嚴重的質量缺陷，讓人們擔心日本經濟大廈會不會因此轟然倒下。豐田公司反應遲緩，也加重了這種擔心。日本從輝煌走向沒落，是否代表著日本經濟的軌跡，記者不敢妄下結論，但接下來豐田質量事件、日本最大航空設備商——小絲工業公司的「飛機座椅門」等日本一流企業的系列醜聞的爆發，不僅僅是管理出了問題，更嚴重的是企業社會道德缺失，令日本經濟前景蒙上新的陰影。系列質量醜聞令處於持續不景氣的日本經濟雪上加霜。戰後創造品質神話的環境已不復存在。

日本的製造業「處於十字路口」，只有正視問題，糾正偏差，「日本製造」才能重新贏得過去的評價和地位。否則，「日本製造」將成為「日本問題」，徹底葬送經濟前途。日本以製造業起家，日本製造可成就日本，也可摧毀日本經濟基礎和國家形象。

▶ 信仰與因果報應

燒香拜佛很功利

中國人向來是信仰神的民族。一到除夕，佛教名山香火興旺，人滿為患。但是如今的燒香磕頭、跪拜神佛，早已不再「純粹」，摻雜了大量「私心雜念」，大多為升官發財、家庭婚戀、身體健康、長命百歲，缺乏為心靈的聖潔而信教。

老百姓求財、求偶、求健康、求考高分無可厚非，倒是官員燒香拜佛值得注意。在泰山、衡山等佛教名山，相當部分的香客是有頭有臉的高級幹部，每逢節日、「神靈生日」，往來叩拜的領導專車絡繹不絕。燒香得給「香火錢」，官員們不能「寒酸」，少則數千多則數萬，新年「頭柱香」更被炒到十幾萬。燒「頭柱」也講級別，沒那「份兒」，有錢也枉然。官員應酬多公務忙，官太太們不能不代勞，組織起「燒香團」，巡迴前往各地名山大廟燒香還願。某地「太太燒香團」一年「燒」掉幾十萬元。

狂斂錢財三千兩百餘萬元的赤峰市原市委副書記、市長徐國元就是個典型的例子。徐國元墮落後，試圖依靠神靈「保佑」獲得心理上的「安慰」。家中常年供奉「神龕」，燒香拜佛，每次收到財款，都要在「神龕」下面放一段時間，以求保佑。隱匿贓物的箱包也極有「講究」，四角各擺放一捆鈔票，中間放置「金佛」或「菩薩」，以求「四平八穩」。

原陝西省商洛市委常委、商州區委書記張改萍邊拜佛邊斂財，斂得巨款後，多次前往全國各大寺院燒香拜佛、上供佈施，

先後用去香火錢三十餘元的，而且她還一度迷信「跳大神」，目的就是企圖「佛」保佑她，為她「消災」，結局恰恰相反。

其實，徐國元式貪官近些年不少，他們為了保住金交椅，守住特權，守住黑財，竟燒香拜佛，弄神作鬼，迷信忌諱，封建霉味十足，以「佛」為「護身符」、「保護傘」，以「佛」來和黨紀國法遊戲、博弈，最終都難逃法律的嚴懲。

官員燒香拜佛，求「升官發財」是最大目的，還有就是一些貪官不相信因果報應，惡有惡報，善有善報，但是現實生活中要想獲取升官發財，又恰恰必須「心腸黑、臉皮厚」、會撒謊、厚顏無恥甚至喪盡天良、作惡多端……、供佛施錢，為的是「洗清」深重罪孽，獲得片刻「心安」，更指望佛祖顯靈保佑「平安無事」。

新中國成立初期，廣大幹部和人民群眾能夠「慎獨」，是因為受傳統文化薰陶，在靈魂深處相信「因果報應」，相信「人在幹，天在看」，相信「要想人不知，除非己莫為」是哲理。誰要幹了壞事情，說了惡意謊話，人們就會說：「那是要遭報應的！」

因果報應在人心

最早提到因果報應是是宗教。佛教、基督教和伊斯蘭教，其因果理論大同小異。因果學說是宗教最原始是邏輯推理，告誡人們要遵守忍辱負罪、積善行德這個最基本是行為準則。

期盼善惡有報，又懷疑因果報應是真實性，這是普遍存在是矛盾心理有人說：崇拜和信仰因果報應，是弱者是無助表現，這話說得也有道理。芸芸眾生中畢竟弱者占多數，所受傷害如晴天

霹靂，泰山壓頂，若要以法律和其他手段維權，談何容易。因此，人們非常希望惡人沒有好下場，好人終究上天堂，又時常產生疑問。

因果報應未必科學，但已經有中醫研究發現，當人是思想處於樂觀、和諧、感激和寬容狀態時，大腦中是正向思維神經會發揮作用，另一種負向思維神經則被抑制。相反，當人是心中充滿憎恨、沮喪、妒忌和報仇心態時負向思維神經會被激發，做錯事、傷身體是概率明顯提高。心胸狹窄的人面容大多陰氣猖獗。心態平和的人，自然滿面春風。老話講，害人就是害己。要想真正健康幸福，就要有顆傳承因果、淡定處世是心。

因果報應也有，但「施」不在寺廟和天上，在於寬闊是胸懷和博大是理解，因果報應思想就是人們不可缺少是優良品德。有人壞事做盡，卻始終沒有遭到報應，但這不能說明因果報應就毫無現實意義。人活於世，災禍難免，好人逢凶化吉是一種善報，壞人躲過劫難也是一種結果。區別是好人轉禍為福，皆因心無旁鶩，從不擔心有什麼惡報，只要修行積德，就一定能渡過難關。也就是說健康的心態，幫了好人的大忙，困難也就迎刃而解。可是惡人每當遇到劫難，都不知不覺地想到「報應來了」，心理素質自然處於劣勢，敗在「報應」的腳下。於是，草木皆兵，狐疑重重，一錯再錯，走向深淵。

只要壞人不去想什麼因果報應不就結了？其實不然，正所謂「人之初性本善」，不論一個人有多麼陰損，他內心都有一桿秤，就是對美德的認知這是與生俱來的。否則，做壞事就不用擔驚受怕了，也就不用燒香磕頭了只要不是低能兒，就不可能做了虧心

事不怕鬼叫門，必將長期處於自責和欲望的矛盾掙扎中。這是心態衰敗、思維紊亂的開始，也是利令智昏、自我毀滅的序幕。

因果報應靠環境和制度

無論多麼優良的道德要求，落實不到人的道德品質和道德行為上，就發揮不了應有的作用。通常的觀點認為，道德發揮作用的途徑和方式有三：一是傳統習慣，二是社會輿論，三是內心信念。

其實道德還可以通過滲入到各種社會制度中起作用，也可以通過宗教起作用。甚至有人認為宗教信仰是道德信仰的根基，離開宗教就不會有道德。

從道德及信仰產生之日起，善有善報、惡有惡報就是道德信仰的重要內容。人們從生產、生活的實踐及對各種利害關係的體驗中，逐漸形成了一些關於「利」與「害」、「好」與「壞」、「應該」與「不應該」的認識，進而把「有利的」、「好的」、「應該的」作為道德規範確立下來，把那些「有害的」、「壞的」、「不應該的」作為惡來加以否定和排斥，形成了人類早期的道德規範和道德信仰。人們相信，只有按照這些道德規範的要求去做，才能獲得合目的性的結果，否則就會遭到來自自然界或社會的懲罰。

千百年來，善有善報、惡有惡報一直是人們的良好願望和期冀，並成為評價社會制度、社會秩序、社會道德生活等優劣的重要尺度或標準。一個社會好人得不到好報，惡人受不到懲罰，卻仍然要求無條件地講道德。一個公正合理的社會，應當是善有善

報、惡有惡報的社會。一個具有倫理權威的社會，一定是一個善惡因果性有效運行的社會。如果相反，倫理道德的感召力乃至其合理性就會喪失，道德信仰危機在部分人身上出現也就不足為奇了。

然而，在現實生活中，由於種種偏限性，結果並非善有善報，惡有惡報甚至會出現「有德之人未必有福，享福之人多係歹徒」。這種不公正的社會現象一旦帶有普遍性，就會導致道德人生的困惑，動搖人們的道德信仰。

在我國進入社會主義建設時期以後，這樣一種社會機制沒有真正建立好改革開放以前，由於「左」傾思潮的影響，我們忽視甚至敵視個人的正當利益，把人們對自我利益的追求視若洪水猛獸，只講道德義務，不講道德權利。

在現實生活中，老實人吃虧的現象普遍發生，導致許多人變得異常成熟起來、聰明起來，變得不那麼老實了。久而久之，老實人減少，奉獻精神減弱，道德水平下降。假如一個人付出了正義、誠實、守信的道德行為後，換來的是吃大虧、被人稱為傻子的結果；有人欺騙、狡詐，換來的卻是令人羨慕的榮華富貴和讓人尊敬的榮譽，社會制度就不公正、不公平、不合理，導致道德在人們心目中的地位和價值下降，引發道德信仰危機。

對一個人來說，只講奉獻不講回報是道德境界崇高的表現，但是，如果在一個社會中，講奉獻的人都得不到好報，甚至盡遭打擊報復的話，或者講奉獻的人生活大都比自私自利的缺德者過得糟糕的話，這個社會就是個不公正的社會，是個缺乏道德奉獻與道德回報機制的社會。在這種社會中，儘管也可以開出耀眼的

道德之花，但這種道德之花不久就會凋謝，因為建立在普遍不公正基礎上的道德繁榮是決不會長久的。

在人類歷史上，凡是出現這樣的局面，人們就會牢騷滿腹，社會就會動蕩不安。在社會生活中，如果只承認道德義務，不承認道德權利，或者說道德權利沒有取得合理的地位，道德只要求人們履行義務，卻又不強調回報這種奉獻德行，就必然導致道德評價與道德賞罰的不公，導致義務與權利、奉獻與補償、德行與幸福的二律背反。久而久之，在社會道德生活中就會形成一種惡性循環狀態，德行成了有德之人的重負，缺德倒成了無德之人的通行證……一個社會如果陷入這樣一種不合理狀態中，那麼，社會風氣敗壞，人際關係惡化，個人品質墮落就會成為必然。

在中國當前的公民道德建設中，要取得真正廣泛而深刻的效陷，合能只停留在理論宣傳上，建立和完善一個賞善罰惡的社會環境和體制勢在必行。有善不賞，君子必稀；有惡合懲，小人必猖；有善不賞、有惡不懲甚至賞罰錯位，是社會最突出的不公正，最容易引起民憤，引發社會動盪不安。

早在一九八〇年，鄧小平就指出：「制度好可以使壞人無法任意橫行，制度不可好使好人無法充分做好事，甚至會走向反面。」他認為，制度的不健全是產生官僚主義的主要原因之一。官僚主義的種種危害，包括濫用職權、不負責任、不守信用、打擊報復、欺上瞞下、徇私舞弊、貪贓枉任等，都嚴重影響和敗壞了社會的道德風尚。制度的改革和健全勢在必行，這既是建設社會主義政治文明的內容和途徑，也是建設社會主義物質文明和精神文明的制度保障和重要條件。

因果報應靠法的力量

在心中有正確信仰的人，才能中規中矩守誠信，做信仰中事，還經常反省自己，社會當然就走向和諧。無正確信仰的人，則在很大程度上「難以擺平」自己不滿意之事，逞性妄為，甚至淪落成囚徒。在中國，一些官員如此腐敗、霸道和急功近利；一些老闆如此不顧及別人生命和環境，許多惡人如此猖獗與殘忍；一些專家勢利而胡說八道，許多人心存僥倖，違章違紀，都是信仰出了問題的。他們不相信法能夠治理他們，不相信「天」在「看」著他們。

有人調查中國監獄犯人情況，結論是 95%以上犯人「無信仰」應該說，95%以上犯人，「進去」前都無正確信仰。因為「進去」前，他們有的信仰權術，有信仰暴力，有信仰「有錢能使鬼推磨」。支持信仰精神一旦成立，為信仰獻身行動就不足為奇。腐敗分子甚至惡調求「神」拜「佛」保佑他有罪惡不被發現，有老闆求菩薩保佑安全，其實，那正是他們不相信人間的正義力量，不相信「天」的公道，無正確信仰之表現。

如果絕大多數人心中有了正確信仰，能夠自覺自願合情合理合法地辦事，就什麼事情都簡單了。安全生產形勢「根本好轉」，就有了思想基礎。但是因果報應是有限，在這個世界上可能存在因果報應，但是概率非常小。不少人有時或多或少地相信因果報應存在，但是，這只是一種美好願望。因為腐敗分子和不法分子不相信因果報應，要不然他有為什麼還會如此猖狂地貪污受賄、違反犯罪呢？他們沒像人們所說那樣「誰幹了壞事，就不得好死」？

　　二○○九年二月二十二日山西屯蘭煤礦發生瓦斯爆炸事故，七十八人死亡，兩百多人受傷。屯蘭煤礦是一座「現代化標準礦井」，一直是其他煤礦的標竿、模範，在人們的意識裡，這裡「不可能出事」。蘭煤發是世界上第一家採用「大斷面支護」煤礦開採技術，此項目曾獲得「國家科技進步一等獎」。該礦本來配備有先進的 KJ-90 瓦斯監控系統，事故發生前，系統剛剛升級為 KJ-90NB 型，沒料到瓦斯還是爆炸了。事故原因固然多，但是關鍵原因是人，人的關鍵是信仰，是敬畏之心。如果大家無相仰「人在幹，天在看」，信仰「因果報應」，安全生產形勢根本好轉，就指日可待。

　　儘管有關安全生產的法律、法規、條例加在一起有一百多部，礦難仍然頻繁發生，幾乎每一起礦難背後，都可以看見官商勾結的腐敗黑影。「上有政策，下有對策」，大量事實說明，許多官員、專家、企業主等制度的執行人都在利用體制和制度的漏洞或者可利用之處，尋租個人或小團體利益，蔑視生命，哪怕有一萬部法規，恐怕也只能是「揚湯止沸」。

　　當年，在黑龍江七臺河東風煤礦爆炸（死亡 160 多人）事故現場，時任國家安監總局局長李毅中的「怒斥」，就非常發人深省。李毅中問該礦礦長馬金生和姜姓總工：「你們知道《緊急通知》和《特別規定》嗎？」二人一臉茫然。李毅中提高聲調，再次問：「你們到底知不知道這兩個文件？」二人低下了頭。李毅中怒斥：「你們連民營小礦窯主都不如！」因目無法律私挖濫采導致爆難頻發，官礦勾結等醜聞不斷曝光，民營小礦窯主們是有些聲名狼藉的，然而，某些國有大礦的領導比他們還不如。更有

諷刺意味的是，這位馬爆長還剛剛被評為全國礦炭工業優秀爆長，風煤礦爆還是龍江七省連續三年的安全質量標準化建設的「明星爆」，「優秀」、「明星」尚且如此，那「不優秀」、「不明星」又該如何？

廣西發生南丹「7‧17」特大事故的企業是「非法」的，卻持續採礦十多年，產值超過十個億，要不是礦難「翻了船」，恐怕現在更紅火。廣風省梅州市大興爆「證照不齊」，管理混亂，非法生產達六年之久，在附近的羅崗「7‧14」礦難發生後，全省煤礦停產整頓期間，接到了停產通知書，仍然違法、違規、違章組織生產，如果沒有發生死亡 一百二十三人的「8‧7」特大事故，恐怕現在仍然熱火朝天。

政令不通，中央制定的東西在某些地方卻漂浮在半空中難以落地，甚至是「變了味」。「村騙鄉，鄉騙縣，一直騙到國務院」。當今那些作惡作多端的傢伙和無法無天的腐敗分子，肆無忌憚地「忽悠」法律，做惡事，行腐敗思想根源在於無敬畏之心，根本有發好善疾惡的人生觀指導其生活，因而在生活中，既沒有禁忌之物，也沒有趨而就之的樂施之事。在其心目中，唯有私人的物質利益和物慾享受。

什麼力量保證「因果報應」呢？答案是人的力量，靠法的力量。我們期待的因果報應，是弘揚正氣、懲治腐敗和打擊犯罪，要靠好的制度和強有力的法律武器。

宗教信仰對日本人很重要

在中國，一直有種論調，認為出現許多道德淪喪的問題，是

因為中國人不信教。日本人的宗教觀或許可以給我們啟發。宗教，未必一定要有神的宗教，其實只是一種信仰。善，只這麼一個字，也可以成為一種宗教的。事實上，目前幾乎所有的主流宗教的教義中都包含了善的概念。

在日本的宗教發展史上，儒教、佛教和日本的民族宗教神道對日本影響最大。在五世紀前後和六世紀中葉，隨著中國和日本的相互往來，中國各種文化和哲學思想傳到日本，儒教和佛教也在此時傳入日本。這兩種宗教對日本真正形成影響是在七世紀初，聖德太子為鞏固對日本的統治，大力推廣佛教，並以儒教、佛教教義為思想基礎，頒布了「七條憲法」從此在日本推行以兩大宗教鞏主的「和」式統治。

神道在日本的土著宗教，最先是對自然的崇拜，和，吸收了其他宗教的想基，形成以「忠」為代表的教義。由於它提倡對國家、天皇的絕對忠誠而被指定鞏和教，對日本近代影響非常大。日本在宗教上一開始就以多元體系為主，它並不像西方國家那樣信仰主宰萬物的「一神教」，而在信仰無序列之分的「多神教」。根據一九八一年日本的宗教統計，日本全國宗教教徒共達 20,927 萬人，是日本人口總額的 1.8 倍。這點說明了一個問題，大多數日本人並不只信仰某個宗教，他們信仰兩個或兩個以上的宗教，由在可見宗教信仰日本國民的重要性。

中國的儒教日本的影響巨大，「仁、義、禮、智、忠、孝、和、愛」等倫理想基從古沿襲到現代便成影了「忠」、「和」為代表的企業文化，這種企業文化又利用宗教的形式得以實施。日本企業家認為，人生兩大需求是物質需求和精神需求，為使人們

的生活美滿幸福，就要不斷滿足這兩大需求。物質需求通過大量生產物美價廉的產品得以滿足，精神需求要依靠信仰。這裡所講的信仰並不能完全按西方的模式加以衡量，它可理解為一種追求、理想。人三分之一的時間在工作，作為工作載體的企業理所當然要負起這兩大責任於是宗教的痕跡日本企業裡隨處可見。

企業經營哲學很有效果

經營哲學是日本企業家精神和宗教思想互往融合的產物。日本的企業家把宗教思想融入到自己的經營哲學中，「產業報國、以社會責任為己任、和睦相處，上下一致」等思想，正是和神道「忠」的思想和儒教的「和」有著莫大的相似性。在大多數日本企業的經營哲學中，絕對不會將「賺取利潤」這個任何企業都必須達到的目標放在首位，相反，他們更多的是強調企業的責任，強調企業對社會、國家乃至全人類所負的責任。如松下電器公司就把「產業報國」放在第一位。豐田公司社訓的第一條是：「上下同心協力，以至誠從事業務的開拓，以產業的成果報效國家。」日本 TDK 公司精神是「創造：為世界文化業報作貢獻」。

日本企業家們談論企業目標、經營哲學時，像是在傳教佈道，充滿了哲學思想。經過他們的詮釋，「企業生存目的，企業如何生存」等現代管理問題，都提升為整個社會，整個人類的發展、生存的哲學問題。有的企業直接將宗教問題納入企業的經營哲學之中。如豐公汽車公司就明確提出：「尊崇是佛，協存感激，為報恩感謝而生活。」正是這種「感激」、「報恩」的思想使企業員工的奉獻精神發揮得淋漓盡致。生產已不單單是滿足個

人物質生活的需要，更重要的是它能給員工這種精神上的滿足。

由於日本宗教信仰上的多元體系和兼容性，日本員工對企業這種充滿宗教色彩的思想也很容易接受。具體到企業的經營哲學，則各種各樣，沒有統一體現，但都至儒家的「和」、神道的「忠」為基礎。由於宗教的影響，導致了企業的經營哲學都以倫理思想為基礎，再加上各個企業家的觀點，到處開花結果，形成了仿如宗教的各種流派。

除經營哲學外，日本企業日常的一些常規活動也帶著濃厚的宗教色彩。在松下，它的每家公司都有一個神社，專門用來供奉神靈，公司的高級職員每週都要來這裡，由主持神社的和尚給他們講法，使他們淨化心靈，更好地執行公司的有關命令。作為松下創始人的松同幸之助被譽為「經營之神」他一生中最尊重的顧問就是一個和尚，通過各種宗教活動，各種教義、精神和企業第巧妙結合起來，然後灌輸給企業員工，使員工相信工作目的並不只是為了個人和社團，更多的是追求人類生活的共同幸福。

在日本企業家的言詞裡，處處體現著「因果報應」、「順應同化」的宗教手法，他們用這種充滿靈性的宗教手法，來解釋企業與訓會、員工與上社至及員工之間的相互關係，強調人與人之間必須至「仁愛」的態度來相處，企業發展至人為主，貫徹這種人本主義，即「和」的精神。利用宗教活動，企業。很好地協調了企業管理部門之間的關係，同時也把同屬的思想引到他們所希望的境界，從而在管理層內部形成統一的指導思想，避免了企業的內耗。

朝會、晚訓、社歌是日本管理方法上的一大特色，在公司每

天上下班前的二十分鐘裡，所有員工都必須集中一起高唱社歌、背誦社訓或檢查自己的過失。他們深信只有這樣，才能真正做到所有員工心靈的一致。更加令人驚奇的是，他們真的做到讓每個員工，就同一個問題作出完全相同的回答，而且這是他們所達成的「共識」。據說無論問松下公司的任何資個員工，他們公司生產什麼？他們必會一致回答說：「我們公司是培養人才兼生產電器的公司。」可見他們對人才的重視和對公司經營哲學的執著追求。和佛教和尚每天敲鐘唸佛，基督教徒的禱告一樣，在每天不斷地重複強調之下，每個人必不知不覺地被潛移默化了。日本企業就像一個個的宗教，都具有自己的宗教思想，企業最高領導者就是教主，他為實施自己的教義，不斷向他的教徒傳播他的經營哲學，企業員工則是起群宗教的狂熱信徒，為維護他們的信仰，可以舍生取義，因此日本企業能夠取得令人難以想像的成績來。

為員工都能更好地接受企業的經營哲學，成為企業集團的一分子，日本大多數企業從員工一進入公司，就開始進行精神上和技能上的培訓，但最重要的是使員工在思想上和企業融為一體。日本的僱傭制度採用終身僱傭制他們從大學剛畢業或剛踏上社會的青年人中間挑選，然後通過各種考驗，選擇合適人才，被錄用的人將在這個企業裡工作到退休為止。只要他們喜歡，可以一直工作到死。有些大企業設立專門埋葬企業員工的墓地，他們把死去的員工埋葬在靈塔下，企業管理層和員工在節日裡一起到墓地舉行大規模的宗教儀式，以表示對死去員工的緬懷之情，同時也是對新員工進行現場教育使他們更忠於企業。

日本企業文化和宗教信仰的結合，是日本傳統文化和現代管

理方法相結合的一個重要體現。從一定程度上說，沒有宗教信仰就沒有日本企業文化，宗教信仰是日本企業文化的重要組成部分。它在人們精神上所帶來的凝聚力、向心力，是任何其他形式必很難達到的，這種精神上的作用也促進了物質上的發展。從唯物論的角度來說，日本企業文化上的這種宗教思想，只不過是一種形而上學或唯心論，它強調精神、心靈的重要性而把物質放在次要地位，但對日本這個「大和」民族而言，它有著特殊的作用。在未來相當長的時間內，宗教信仰仍然是日本企業文化的重要因素。

▶ 道德教育刻不容緩

道德大環境不理想

最近有武漢的大學生給很多中國人一個似乎是「驚世駭俗」的道德判斷：白毛女應當嫁給黃世仁（地主）；只要有錢，年紀大一些不要緊。

這個道德判斷標準一出，立即在傳統媒體以及互聯網引出了一場具有道德高度的爭論，那就是年輕人沒救了。

任何人的道德價值觀不是與生俱來的。道德是社會化的結果，是社會灌輸的產物，但同樣重要的是，年輕人是被「培養」出來的。換句話說，年輕人對「權」和「錢」的崇拜意識，是他們生長的環境所造成的。

權錢崇拜和道德虛無並不是新現象，從中國的改革開放一開

始就有了。在改革開放前，中國搞「貧窮社會主義」，人民的生活水準極其低下。改革開放後，已經難以承受「貧窮」的一代開始致富。當時中國人的普遍「貧窮」狀態有很大的關係，窮則思變，中國的改革開放似乎沒有遇到很大的阻力。金錢很快就取代了往日的道德，成為人們價值的坐標，金錢主義毫無困難地盛行起來。道德沒有了，有了錢就可以為所欲為。

嘗到了初步富裕果實，中國人速度很快地接受了以金錢為核心的「利益」概念。中國社會的基礎很快就從意識形態（或者道德）轉移到了利益。官方的很多政策在這個過程中扮演了一個主要的角色。最明顯的就是「GDP 主義」，在很長的歷史時期裡，經濟增長成為了衡量各級官員的唯一重要的指標。GDP 主義已經高度制度化，儘管 GDP 主義是通過犧牲下一代人的利益來滿足這一代人的利益的，最近幾年中國政府想努力扭轉單方面的GDP 主義，但成效並不大，可見各級官員的金錢主已概念根深柢固。

一些官員的腐敗，更加速了道德的崩潰。從官員金錢腐敗的數量來說可見一斑，已經從二十世紀八○年代的幾千、幾萬到九○年代的數百萬發展到今天的數千萬甚至數億。權力通過腐敗轉化成錢和財富。這樣的環境下，要下一輩不產生權扭崇拜的心理實這很難。

權和錢驅使著道德的衰落，權和錢之間的互相交易功能更是加速著這個進程。對年輕一代來說，無論是「權」也好，「錢」也好，只要能夠得其中的一個，或者和其中的一個靠上邊，就有了自身的價值。

除了權和錢之外，整個社會經濟結構也在迫使年輕人膜拜權錢。要一個個單獨的個人變成道德人，就要給他們希望。如果通過個人正當的努力，可以實現自己的希望，這個社會必然具有一定的道德水準。如果個人失去了這個希望，或者說無論自己怎樣的正當努力，也實現不了希望，那麼道德概念就會消失得無影無蹤。從很多方面來說，中國的年輕人正處於這樣一個道德的困境。

例如住房問題。住房是一個人的基本生存空間。古人把「居者有其屋」和人的道德聯繫起來是很有道理的。人沒有一個基本的生存空間，道德又能拿來幹什麼？在短短的時間內，中國的房屋政策扼殺了年輕人的這個「空間」希望。殘酷的現實是始終沒有有效的、具有長遠眼光的房屋政策，任由「權」和「錢」操縱，主宰人們的居住空間。對今天中國的大多數年輕人來說，在飛漲的房價面前，光靠自己的努力，很難得到一個體面的生存空間。在這種情況下，沒有人可以責怪他們對權錢的崇拜，因為權錢是他們得到生存空間的工具。

教育也是一個例子。前段時間，人們發現大學畢業生和農民工的工資和收入水平有拉平的趨向，甚至也發生農民工的高過大學生的情況。這和從前的「腦體倒掛」的情況不同，因為那時是因為人為的控制。在今天市場機制調節勞動力市場的情況下，這種情況的產生，只能說是中國教育體制出了問題。人應當接受儘可能的教育，這應當是一個基本的道德判斷。但當接受教育者和不接受教育兩者的工資和收入水平拉平甚至更低的情況下，道德就必然要被虛無化。

實際上，越來越多的跡象表明，中國的年輕一代面臨越來越大的困境。中國的改革開放曾經造就了一個開放的體制，給年輕人希望。但現在整個社會似乎被各種既得利益所分割，他們把持著各個領域，社會的開放度較之改革之初越來越小。從前是控制扼殺年輕人的希望，現在則是自由扼殺著他們的希望。年輕人很自由，不過就是沒有機會。

　　各種道德說教仍然在進行，但對年輕一代沒有多大效果。道理很簡單，讀到的道德教條和看到的現實，差異實在太大。高不可及的道德教條和毫無道德的現實生活，加深了年輕人對道德的懷疑和價值虛無主義。在很大程度上說，年輕一代是幸福的，但也是悲哀的。他們生活在一個自由和物質主義的社會，但這個社會同時也是一個價值混亂、毫無道德標準的社會。

　　提出價值和道德衰落問題絕對是好事情。但要意識到，出現這些社會現象不僅僅是道德價值的問題，而是有其更深刻的社會環境和制度背景。從更高的層次來說，這個問題關乎一個國家和民族是否可以生存和可持續發展的問題。道德來自希望，對未來的希望。抱怨、指責和譴責新一代毫無用處如果要對下一代負責，那麼就要為下一代營造一個能夠使得他們感覺得到希望的社會和制度環境。

道德教育現狀令人憂

　　浙江臨安金盾職業高中出臺了一則很稀奇的校規：每學期，每個同學的道德總分為一百分，及格分為六十分。若學生有違規行為，學校就按《學生綜合加扣分細則》扣分。如果不夠六十

分，學生可以花錢買分，價格是每一分二十元錢。對於為何出臺該就行，校長趙違德說，「出發點是好的，這樣做是為了幫助學生。有不良行為的學生實在太多，這個加扣分細則可以幫助這些學生，花錢買分是為了使他們更快地改正不良行為。」

沒有規矩，不成方圓，學校自然要有校規。然而如果學校自己就失規逾矩，又怎麼去規矩學生？分不夠，花錢買，已是匪夷所思，而校長居然稱花錢買分是為了使有不良行為的學生更快地改正，真是荒唐。所謂出發點是好的之類的辯解，休說欺人，恐怕連自欺也難——難道這個校長真的會認為他們收錢賣分是為了學生好？

有議論抨擊這種收錢賣分是將道德貨幣化。道德當然夠能貨幣化，職業高中的校長自然也懂得這個德理，明知這樣的買賣做不得卻還是要做，原因無非是財迷心竅。一心想從學生身上弄錢，思維有了定式，具體到一個校規的制訂，也要雁過拔毛。

學校本該每「傳德、授業、解惑」的地方，卻頻發不該發生的事情，究其原因是師德不存。

孩子是我們的未來，耳濡目染樁樁件件的怪事，我們的孩子將會怎樣？我們的未來又將會怎樣？從這個角度看，師德不存，遺患無窮。

教育就是塑造人的品德，就是用鮮活的思想能量去充實空虛的靈魂，就是用精神的陽光去照亮心中的黑暗，使人懂得生存的意義和掌握生活的方式。

正確的教育思路應該是以德育為主，然後才是智育和體育以及開心育、自然育等等。應該肯定的是，對於人類的教育，首要

的就是美德教育，而當代中國的教育缺失的正是美德。可以斷定，在我們的現實生活當中，如果一個人的道德極其缺乏，那麼這個人的學識越豐富，對社會所造成的禍患就會越重，他的地位越高，對社會所產生的危害也就越大。相反，一個知識無多，地位低微卻德高望重的人，無論如何，他也不會去禍國殃民又害己，一定會是一份利國利民又利己的社會財富。

日本道德教育的啟示

注重吸收、借鑑外來思想與繼承、保持本國特色相結合。

日本民族富有強烈的進取精神，勇於和善於學習他國的先進文化為己所用。全面主義的道德教育思想並非日本首創，日本在引入全面主義思想和理論的過程中，沒有喪失固有的傳統，而是在立足本國的前提下，取其精華去其糟粕，有選擇性地將其本土化，從而形成新的適合日本發展的方法，不但沒有出現美國民主主義氾濫的情形，反而在保持本國東方傳統的基礎上成功地創造了具有日本特色的道德教育體系。

中國學校的道德教育也面臨著許多挑戰，在處理本土和外來文明成果的關係上也面臨著兩難選擇：全盤吸收他國的經驗和方法，抑或堅決拒斥外來的文化，顯然走兩個極端不可取。學習日本借鑑他國的批判精神和不斷創新的科學態度對我們開展道德教育是十分必要的。

日本一直堅持全面主義的道德教育方針，但在不同的發展階段，由於社會需要靈活借鑑多種方法，揚長避短，培養學生獨立思考，在一定程度上發展了全面主義的道德教育思想。調整道德

教育的手段，實現從單向灌輸轉變到灌輸和滲透等多種方法並用，確實提高了道德教育的實效性。

中國學校的道德教育長期依賴學校教師的單方面灌輸，存在家庭教育社會教育與學校教育相互脫節的現象，道德教育模式單一和僵化，道德教育實效性較差。日本的全面主義思想，對中國學校更新道德教育觀念、轉變教育方式具有一定的借鑑作用。不應該單由學校承擔道德教育的責任，家庭和社會也要擔負起不可或缺的那一部分，道德教育社會化並保證學校、家庭和社會三位一體的協調一致很有必要。實施道德教育的主體也應從學生自身出發，結合其生理特徵和性格特點，有針對性地採取多種手段進行道德教育真正提高道德教育的實效性。

道德教育目標要明確，內容要具體，可操作性要強。日本在戰後不同的發展時期，為適應形勢變化，在全面主義道德教育思想的指導下，先後提出不同的道德教育目標，用以指導道德教育中學生的培養方向，道德教育目標非常明確，在此目標之下制定的中小學道德教育大綱等內容則更加具體，易於實施。

中國的道德教育目標比較籠統，道德教育內容較為龐雜，操作性相對差，道德教育目標和內容等制定不佳和結構不妥，也是制約道德教育功能正常發揮的重要因素。因此，根據學生、國家和社會的需要，制定合適的道德教育目標，依照目標安排恰當的內容，運用科學的方法貫徹落實，已成為道德教育改革的重要內容。

國內外形勢發生變化，日本的道德教育遭遇了不少挑戰和挫折。二十世紀七〇年代至八〇年代，校園暴力、拒絕上學和中途

退學等「教育病理」現象達到高潮，引發了全社會對「教育荒廢」、「心靈荒廢」的普遍關注。由於政府的干預，大一統的道德教育管理制度在提高道德教育實效的同時，也無情地壓抑了學生的個性發展，甚至引發了狹隘的民族主義和極端的國家主義與軍國主義的高漲，在一定程度上削弱了全面主義思想的實施效果。但是，全面主義思想在日本振國興邦方面仍然起到了積極作用。學習和借鑑這一做法，對中國開展道德教育、提高教育實效具有重要意義。

昌明文庫·悅讀中國　A0607037

中國機遇——強國之路的中國智慧 上冊

作　　者	袁寶成、任國明、于明山
版權策畫	李煥芹
責任編輯	呂玉姍
發 行 人	林慶彰
總 經 理	梁錦興
總 編 輯	張晏瑞
編 輯 所	萬卷樓圖書股份有限公司
排　　版	菩薩蠻數位文化有限公司
印　　刷	百通科技股份有限公司
封面設計	菩薩蠻數位文化有限公司

出　　版　昌明文化有限公司

桃園市龜山區中原街 32 號

電話　(02)23216565

發　　行　萬卷樓圖書股份有限公司

臺北市羅斯福路二段 41 號 6 樓之 3

電話　(02)23216565

傳真　(02)23218698

電郵　SERVICE@WANJUAN.COM.TW

大陸經銷

廈門外圖臺灣書店有限公司

　　電郵　JKB188@188.COM

ISBN 978-986-496-401-7

2020 年 8 月初版二刷

2019 年 3 月初版

定價：新臺幣 400 元

如何購買本書：

1. 轉帳購書，請透過以下帳戶

　　合作金庫銀行 古亭分行

　　戶名：萬卷樓圖書股份有限公司

　　帳號：0877717092596

2. 網路購書，請透過萬卷樓網站

　　網址 WWW.WANJUAN.COM.TW

大量購書，請直接聯繫我們，將有專人為您

服務。客服：(02)23216565 分機 610

如有缺頁、破損或裝訂錯誤，請寄回更換

版權所有·翻印必究

Copyright©2020 by WanJuanLou Books CO., Ltd.

All Right Reserved　　　　**Printed in Taiwan**

國家圖書館出版品預行編目資料

中國機遇：強國之路的中國智慧　上冊／袁
寶成、任國明、于明山著. -- 初版. -- 桃園市：
昌明文化出版；臺北市：萬卷樓發行，
2019.03
　　冊；　　公分
ISBN 978-986-496-401-7(上冊 ： 平裝). --

1.經濟發展 2.中國

552.2　　　　　　　　　108002851